KB189868

캘리포니아 미션

California Missions

※ 일러두기

이 책은 18세기 스페인이 미국 캘리포니아 인디언들에게 선교했던 내용을 담고 있어 그 당시 썼던 스페인어로 지명을 표기해야 하나, 독자의 이해를 돕기 위하여 영어 표기법을 사용했습니다. 예를 들어 '알타 칼리포니아(Alta California)'를 '알타 캘리포니아'로 '산 프란시스코(San Francisco)'를 '샌 프란시스코'로 표기했습니다.

캘리포니아 미션

California Missions

초판 1쇄 인쇄 2014년 07월 21일
초판 1쇄 발행 2014년 07월 30일

지은이 황 석 환
펴낸이 손 형 국
펴낸곳 (주)북랩
편집인 선일영 편집 이소현, 이윤채, 김아름
디자인 이현수, 신혜림, 김루리 제작 박기성, 황동현, 구성우
마케팅 김회란, 이희정
출판등록 2004. 12. 1(제2012-000051호)
주소 서울시 금천구 가산디지털 1로 168, 우림라이온스밸리 B동 B113, 114호
홈페이지 www.book.co.kr
전화번호 (02)2026-5777 팩스 (02)2026-5747

ISBN 979-11-5585-262-0 03230(종이책) 979-11-5585-263-7 05230(전자책)

이 도서의 국립중앙도서관 출판예정도서목록(CIP)은 서지정보유통지원시스템 홈페이지(http://seoji.nl.go.kr)와 국가자료공동목록시스템(http://www.nl.go.kr/kolisnet)에서 이용하실 수 있습니다.
(CIP제어번호: 2014021605)

캘리포니아
California Missions
미션
황석환 지음
북랩book Lab
Historic
El Camino Real
ALIFORNIA
Alturas
Shasta Lake
LASSEN VOLCANIC NATIONAL PARK
Redding
Red Bluff
Susanville
Chico
Ukiah
Yuba City
Lake Tahoe
Davis
Placerville
Santa Rosa
Napa
Fairfield
Vallejo
San Rafael
Mill Valley
Berkeley
Oakland
San Francisco
YOSEMITE NATIONAL PARK
Mono Lake
Mammoth
Modesto
Yosemite Village
Freemont
Palo Alto
Sunnyvale
San Jose
Los Gatos
Bishop
Santa Cruz
Gilroy
Monterey Bay
Watsonville
Salinas
Monterey
KINGS CANYON NATIONAL PARK
Madera
Fresno
Independence
Lone Pine
SEQUOIA NATIONAL PARK
Visalia
Big Sur
Coalinga
Tulare
DEATH VALLEY NATIONAL MONUMENT
Delano
Paso Robles
Ridgecrest
Morro Bay
San Luis Obispo
Bakersfield
Santa Maria
Barstow
Needles
Lompoc
Santa Barbara
Ventura
Oxnard
Glendale
Pasadena
San Bernadino
JOSHUA TREE NATIONAL MONUMENT
Santa Monica
Los Angeles
Riverside
CHANNEL ISLANDS NATIONAL PARK
Torrance
Long Beach
Anaheim
Santa Ana
Palm Springs
Blythe
Avalon
Santa Catalina I.
Salton Sea
Oceanside
Escondido
Brawley
El Centro
San Diego
El Cajon
Calexico
Chula Vista

PREFACE

The California missions stand today as mute monitors of unselfishness. Historians are generally agreed that the results of the Mission scheme of christianization and colonization were such as to justify the plans of the wise statesmen who hitherto devised it, and to gladden the hearts of the pious men who devoted their lives to the execution.

Over the years, the missions have figured prominently in the Golden State's literary productions. Indeed, they are more re-written, perhaps, than any other one theme in the whole west. Age can not wither, nor custom stale, the infinite variety of books touching upon almost every phase of missionary endeavor. And yet, the very proliferation of publications helps to explain why the field of Western Americana is one of the most difficult in which to adventure.

The book, the first of its kind ever published in Korean, is a welcome addition to the bibliography of the California Mission. Its author, a native of that area of Korea above the famous 38th parallel, writes well and accurately.

Msgr. Francis J. Weber

오늘날 캘리포니아 미션은 자기희생의 조용한 증인이다. 역사가들은 기독교의 전도와 식민화를 목표로 하는 미션 제도의 결과가 이를 기획한 정치인들을 정당화하고 또 이를 집행하려고 자신들의 목숨을 바친 신앙심 깊은 이들을 기쁘게 한다는 데 대체적으로 동의한다.

수년 동안 미션은 골든 스테이트(캘리포니아)의 문단을 넘치게 해왔다. 정말로 이는 미 서부의 어떤 주제보다도 회자되는 것이었다. 세월에 시들지 않고 습관에 젖지도 않으며 엄청나게 다양한 책들이 미션의 모든 면을 파헤치려 노력해 왔다. 바로 이러한 출판물의 범람이 미 서부에 대해 연구하는 데 어려움을 설명하고 있다.

이제 이런 유의 서적으로 처음 한국어로 출판되는 이 책을 환영한다. 한국의 잘 알려진 38선 이북에서 태어난 저자가 이를 아주 정확히 쓰고 있다.

(번역: 저자)

몬시뇨 프란시스 웨버는

카톨릭 사제이며, 현재 생존해 계시는 미션 학자중에 가장 저명한 분중 한분이시다. 미션에 대한 저서도 다수 있으며, 또한 미션분야의 서적을 감수해 주신 것도 다수 있다. 몬시뇨 웨버께서는 고령에도 불구하고 현재 LA 근교의 샌 퍼난도 미션에서 시무하고 계신다.

머리말

우리 교포들이 많이 사는 미국 캘리포니아 주에 가면 '샌디에이고', '로스앤젤레스', '샌프란시스코' 등 미국인지 스페인인지를 알 수 없을 만큼 온통 스페인어 지명이 많다. 그 뿐 아니라 캘리포니아에는 '미션(Mission)'이라는 단어가 들어가는 길 이름, 동네 이름이 곳곳에 있다. 또 샌디에이고에서 샌프란시스코까지를 관통하는 엘 카미노 리엘이라는 길이 있는데, 이 길 이름의 뜻은 '왕의 길'이라는 스페인어다. 백인들이 오기 전에는 인디언밖에는 없었던 전인미답의 미개척지 미 대륙의 서쪽 끝에 이 같은 현상이 있다는 것이 이상하지만, 대부분의 사람들은 캘리포니아 주가 예전에 멕시코 영토였으니 그러려니 하고 넘어간다. 그러나 이것이 미션과 연관된 것이라는 것을 아는 이는 많지 않다.

650마일의 긴 엘 카미노 리엘은 200여 년 전 캘리포니아 주에서 처음으로 건설된 도로로 캘리포니아 주의 동맥이었다. 이 길을 따라 21개의 미션이 설립되었었다. 이 미션은 미국 태평양 연안에서 가장 오래된 유적이며 2세기 반 동안이나 세계를 호령했던 스페인 제국의 잔해이다. 오늘날 캘리포니아를 여행하는 사람들은 간혹 종이 달려 있는 굽은 기둥을 길가에서 볼 수 있다. 이 종 기둥이 바로 미션의 상징이며 엘 카미노 리엘의 표시다.

이 미션들은 열정적인 소수의 유럽인들이 적절한 도구도 없이, 전문적 예술인의 도움도 없이, 부족한 건축자재를 이용하여 이 거친 광야에서 이룩할 수 있었던 위대한 업적을 보여주고 있다. 또한 인디언들에게 복음을 전하고 근대적 삶을 소개하고자 목숨을 바친 많은 성직자들의 숨결이 살아 숨 쉬고 있는 곳이다. 또한 오늘의 이 미션들은 번영했던 미션을 강탈당하고, 강대국들의 틈바귀에서 자신의 땅과 그 정체성까지도 빼앗기고 갈 데 없이 노숙자가 되어 버린 인디언들의 비통한 배신의 역사를 묵묵히 증언하고 있다.

과거 이 미션의 크나큰 성공은 한 가지 분명한 가르침을 역설적으로 우리에게 남기고 있다. 한때 미션은 광활한 토지, 풍요로운 작물, 엄청난 가축, 그밖에 활발한 산업 생산 등으로 당시 캘리포니아 주 산업의 중심이었다. 그러나 이 같은 미션의 성공은 당시 문명사회에 있는 식민주의자들에게 탐욕의 표적이 되기에 충분했다. 이 같은 캘리포니아의 풍요로움과 빈약한 방어능력이 교역 선들을 통해 열강들의 본국에 알려졌을 때 캘리포니아는 열강의 각축장이 되었다. 캘리포니아 주는 약간의 무력만 가지고 도착한다면 거저 떨어질 열매였기 때문이다.

1840년경 세속화 당시 영국과 프랑스는 당시 캘리포니아의 수도 몬테레이에 각각 영사관이 있었고 미국은 대표부를 두었었다. 멕시코 주재 영국 장관 패컨햄(Richard Pakenham)은 1841년 파머스튼(Palmerston) 경에게 "알타 캘리포니아(현재의 미국 캘리포니아 주)에 영국민의 인구를 빨리 늘려야 한다. 세계 어느 곳도 영국 식민지로서 이곳만큼 천혜의 이점을 가진 곳은 없다. 멕시코의 통치가 끝난다면 영국이외의 어느 열강에도 빼앗겨서는 안 된다. 미국의 모험가들은 이미 이쪽으로 시선을 돌리고 있다."라고 쓰고 있다.

스페인에서 불과 20여 년 전 독립한 멕시코는 계속되는 내전에 휩싸여 결국 캘리포니아를 지키지 못하고 골드러시 2년 전에 미국에 이를 내놓고 말았다. 1848년 마샬이 캘리포니아 콜로마에서 금을 발견한 것은 미션이 있던 소노마에서 불과 90마일 동쪽이었다. 신대륙에서 250년간 금을 찾아 헤맨 스페인이 이 근소한 거리의 차이로 캘리포니아의 노다지를 놓쳤다는 것은 역사의 아이러니다.

캘리포니아 미션 이야기는 우리 모두에게 영감을 주는 이야기다. 불과 몇 명 안 되는 적은 인원의 가톨릭 수도자들이 복음과 문화적 삶을 캘리포니아의 원시인들과 나누고자 헌신적이고 희생적인 노력을 기울였던 영광스럽고 감동적인 이야기다. 그들이 불과 한 세대가 가기 전에 이룰 수 있었던 것을 우리는 감탄과 경외심으로 볼 수밖에 없다. 미국의 저명한 역사학자인 볼튼(Herbert E. Bolton)은, 종교로는 개신교인이었지만, 스페인이 캘리포니아에서 미션으로 이룩할 수 있었던 업적은 '문명사에 있어서의 기적'이라고 선언했다.

미션은 단순한 어제에 대한 감상적 기념품이 아니다. 미션은 스페인이 그들의 통치하에 있는 원시인들의 복음화와 인간적 처우에 얼마나 정열을 갖고 노력했는가를 증언하고 있는 기념비이다. 이는 우리 현대인이 얼마나 주위의 형제들을 위해 더 노력해야 하는 지를 다시금 상기시켜 주는 현장이기도 하다.

이 미션에서 우리는 당시 원주민들의 영혼의 구원과 근대적 삶으로의 인도를 위해 자신의 몸을 던졌던 파드레(신부)들의 눈물어린 노고를 마주하는 귀중한 기회를 맞게 된다.

목차

머리말 006

1. 캘리포니아 미션 개척의 역사적 배경 012
2. 샌디에이고 개척 018
3. 몬테레이 개척 024
4. 미션이란? 030
5. 원주민 042
6. 캘리포니아 미션의 문제점 049
7. 추가 미션 설립 058
8. 파드레들의 사목 활동 074
9. 미션의 번영 087
10. 정착촌 095
11. 미션 인디언 108
12. 인디언의 인권 117
13. 인디언의 저항 124
14. 멕시코의 독립, 정치적 혼란, 세속화 압력 134
15. 세속화와 캘리포니아의 혼란 145

16. 세속화의 강행 158

17. 미션 이후의 캘리포니아 사회 167

18. 미션 이후의 교회 183

19. 미션의 복원 193

20. 미션의 역사적 의미 208

1832년 12월 31일 세속화 당시 미션의 주요 가축 수 표 217

참고 문헌 218

1

캘리포니아 미션 개척의 역사적 배경

Route of the Portolá Expedition (1769)

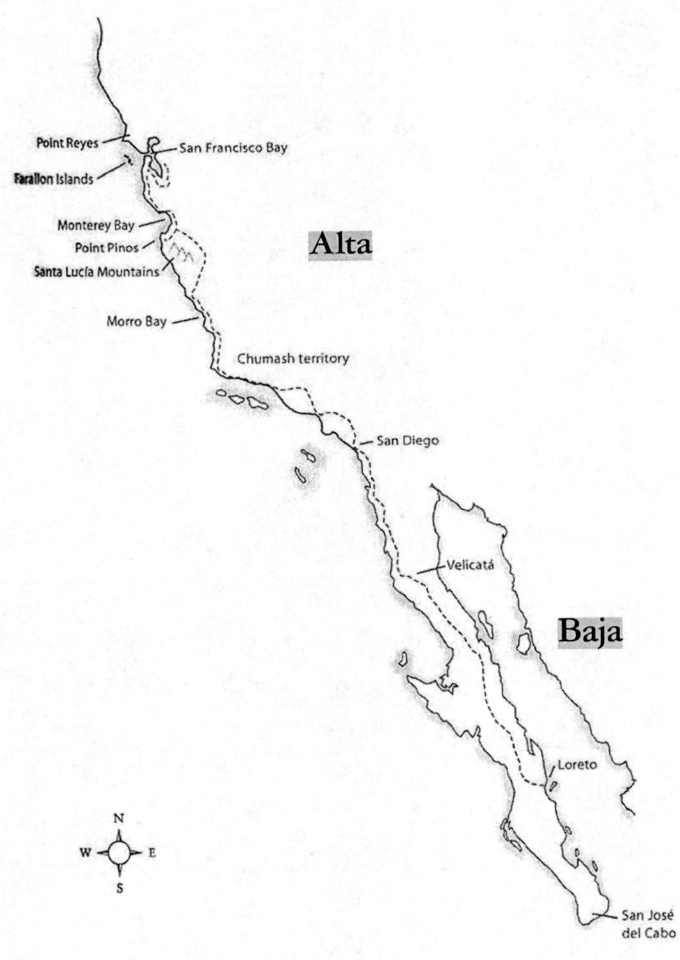

스페인의 신대륙 개척

스페인은 1769년 여름 알타 캘리포니아(지금의 미국 캘리포니아 주)에 첫 미션이 창설되기 이전 이미 250년 동안 신대륙을 지배해 왔다. 당시 스페인은 미국의 서부는 물론 남북미 대륙 대부분에 대해 그 영유권을 주장하고 있었다.

스페인의 미주 개척은 양념, 비단, 진주, 귀금속 등을 찾아나서는 데부터 시작되었다. 1492년 콜럼버스를 앞세워 미 대륙에 진출한 스페인은 그 신대륙 지배에 대한 야망을 1493년 교황 알렉산더 6세로부터 공인받았다. 그로부터 스페인은 명실공히 부와 세력을 거머쥐고 세계를 호령하는 스페인의 시대를 열어갔다.

1519년 11월 8일 스페인 장교 코르테스(Hernan Cortes)는 당시 스페인 주둔군의 기지가 있던 지금의 쿠바에서 500명이 안 되는 스페인 병력을 이끌고 아즈텍(Aztec)의 수도 테노치티틀란(Tenochtitlan, 현재의 멕시코시티)을 향하여 출발하였다. 그는 당시 아즈텍의 통치에 불만을 품은 인디언 병력 수천 명을 대동하였다. 코르테스는 1521년 8월 13일 저항군의 수장 쿼테모크(Cuauhtemoc)를 사로잡고 테노치티틀란을 점령함으로써 정복을 완료하였다. 1527년 스페인 왕은 멕시코시에 각종 정부 기능과 함께 왕정의 조정을 설립하였다.

그 후 1542년 스페인 군인 카브리요(Rodriguez Cabrillo)는 멕시코 총독 멘도자(Antonio de Mendoza)의 명을 받아 캘리포니아를 탐험하였다. 탐험의 목적은 부유한 도시나 왕국을 찾아 동방으로 교역하는 루트를 찾고자 하는 것이었다. 그러나 그는 목적하는바 부유한 도시나 왕국은 발견할 수 없었다. 1602년 5월 5일 비즈카이노(Sebastian Vizcaino)는 3척의 대형 선박과 200명의 인원을 데리고 다시 알타 캘리포니아 탐험에 나섰다. 그는 12월 16일 몬테레이(Monterey)를 발견하였다.

당시 스페인에서는 이미 상당히 개발이 진척된 남부 캘리포니아 지역을 '바하(하부) 캘리포니아'라 불렀고, 전혀 개발되어 있지 않은 지금의 미국 캘리포니아 지역을 '알타(상부) 캘리포니아'라 불렀다. 그러나 그때까지 이 알타 캘리포니아에 대해 알려진 것은 매우 적었다. 두 차례의 탐험에서 별다른 성과를 얻지 못한 스페인은 그 후 멕시코에서 사업이 정착되어 가는 금과 은을 발굴하는 데 만족하여 알타 캘리포니아에 대해서까지 신경 쓰려 하지 않았다. 두 번에 걸친 탐사에서도 두 번 모두 천혜의 항구 샌프란시스코는 안개 속에 갇혀 찾지도 못했다. 그 후 알타 캘리포니아 미션 건설을 위해 신부들이 도착할 때까지 알타 캘리포니아는 대체로 잊혀져 있었다. 그 이유는 해로(바하 캘리포니아에서 연안을 따라 북쪽으로 항해하는 것)로는 뉴스페인(멕시코시티)에서 너무 멀었고, 또 뱃길은 캘리포니아의 지속적인 역풍에 막혀있었다. 육로는 사막과 험준한 산으로 막혀있고 가상의 통로 역시 호전적인 인디언들의 위험이 도사리고 있었다. 적은 인원은 인디언의 화살 공격에 취약할 수밖에 없었고, 많은 인원은 기아와 싸울 수밖에 없었다.

알타 캘리포니아를 발견하고 샌디에이고와 몬테레이를 지도에 넣은 이후 선교회에서는 이 두 항구에 미션 설립을 인가하여 달라고 요청해 왔으나 총독은 별 관심이 없었다. 따라서 그때까지 북미 대륙의 개발이란 스페인은 주로 북미 대륙의 남부, 지금의 멕시코 지역에 국한되어 있었다.

알타 캘리포니아 개척팀

한편 러시아의 교역자(Trader)들과 개척자들이 알래스카 해안을 탐색하게 되자 러시아의 여황제는 베링 해 동쪽에 기지를 건설할 것을 명했다. 이렇게 하여 물개를 쫓아오던 가죽 사냥꾼들은 결국 샌프란시스코 해안에 있는 파랄론(Farallon) 섬까지 와서 전초기지를 세우게 되었다. 스페인은 러시아가 파랄론 섬까지 와서 기지를 건설한다는 소식을 접하고는 알타 캘리포니아를 개척하기로 결의를 굳히게 되었다. 스페인 왕은 멕시코 총독에게 '침입과 모멸로 부터 주권을 수호하기 위한 반격'을 명령하였다. 이제 알타 캘리포니아를 식민화하는 빛바랜 계획이 가동되었다. 1769년 캘리포니아에 미션을 설립하는 계획이 승인되고 실천에 옮기게 되었다. 미국이 영국에 독립을 선언하기 불과 7년 전이었다. 한편 그들은 그때까지 캘리포니아는 섬인 줄로 알고 있었다.

몬테레이 항을 식민화하기 위해 육로와 해로 각각 두 개씩의 개척팀이 바하 캘리포니아의 기지에서 구성되었다. 1542년 후안 카브리요(Juan Rodriguez Cabrillo)에 의해 발견된 샌디에이고 항이 바하 캘리포니아의 로레토(Loreto)에서 몬테레이로 가는 중간 기착지로 선정되었다. 군인과 정착민들이 파견되고 미션을 설립하기 위한 선교팀이 구성되었다. 개척팀의 계획은 총독 호세 데 갈베즈(Jose de Galvez)의 지휘 아래 상세히 수립되었다. 포르톨라와 세라 신부의 지휘 하에 3개의 미션을 설립한다는 것이다. 두 개의 미션은 이미 스페인 선박에 의해 발견되었던 항구 샌디에이고과 몬테레이에 각각 설립하고 또 하나는 그 중간에 설립한다는 것이었다. 총지휘는 귀족계급의 카탈로니아 군인으로 최근 바하 캘리포니아 지사로 부임한 가스파르 데 포르톨라(Don Gaspar de Portola)가 맡고, 그 밑에 미션에 대한 책임은 이 중요한 일을 맡기 위해 바하 캘리포니아 미션 책임자에서 해임된 후니페로 세라(Junipero Serra) 신부가 맡았다.

멕시코 갈베즈 총독은 알타 캘리포니아를 개척하기 위해 의지가 강하고 단호한 성직자를 물색했다. 갈베즈 총독은 세라 신부를 라파즈(La Paz)에서 면담하고 세라가 그의 목적을 충분히 이해하고 받아들였을 뿐 아니라, 그의 헌신, 용기, 인간적 매력 등으로 볼 때 세라는 자신에게 주어진 이 임무를 위해 하느님의 섭리에 따라 선택된 사람이라고 느끼게 되었다. 당시 바하 캘리포니아의 미션은 예수이트 수도회에서 맡고 있었는데, 점증하는 예수이트 수도회의 영향력에 위협을 느낀 국왕은 예수이트를 1767년 몰아냈고 이후로 바하 캘리포니아의 미션은 프란시스코 수도회에서 맡게 되었으며 세라는 그 책임자로 선임되었었다.

그러나 그는 새로운 임무를 인계받을 틈도 없이 다시 새로운 임무가 부여됐다. 바하 캘리포니아를 다른 사람에게 인계하고 북부의 알타 캘리포니아에 미션을 건설하라는 것이었다. 그는 이를 미개인들에게 그리스도의 복음을 전할 수 있는, 그가 평생을 바라던바 기회로 생각하고 기꺼이 받아들였다. 그는 훗날 캘리포니아 미션을 건설한 성인적 업적으로 교회의 연감에 기록되고 바티칸에서는 복자품에 오른 사람이다.

세라 신부는 당시로는 적지 않은 나이인 55세이었다. 또한 그는 당시 극심한 다리의 통증으로 걷기는커녕 서지도 못하고 앉지도 못하는 상태였다. 나귀에 타는 것도 두 사람이 부축하여 태워 주어야만 했다. 포르톨라는 그에게 돌아가 쉬며 치료를 한 후에 오라고 강권했으나 세라는 듣지 않았다. 결국 두 명의 군인과 인디언 하인 한 명을 붙여 출발하게 되었다.

2

샌디에이고 개척

캘리포니아 개척팀의 출발

개척팀은 4개 팀으로 나누어 샌디에이고를 향하여 출발했다. 해로의 두 팀 중 산 카를로스 호는 1769년 1월 7일 군인과 보급 물자를 싣고 라파즈(La Paz) 항을 출발했다. 약 한 달 뒤 두 번째 배, 산 안토니오가 알타 캘리포니아를 향해 출발하였다. 그러나 두 배 모두 고질적인 맞바람과 부정확한 해도로 인해 목적지에서 크게 벗어났다. 산 안토니오는 산페드로(San Pedro) 인근에 도착하였다가 돌이켜 4월 11일 샌디에이고에 닻을 내렸다. 그러나 산 카를로스는 태풍으로 항로를 크게 벗어나 멀리 포인트 콘셉션(Point Conception)까지 갔다 오는 바람에 오히려 산 안토니오 호보다 늦게 5월 14일에야 샌디에이고에 도착하였다. 이 두 척의 배는 90명의 선원 중 60명이 괴혈병으로 죽었을 만큼 비극적인 상황에 있었다. 총 226명의 탑승자 중 126명만이 도착할 수 있었다. 살아있는 사람도 대부분 괴혈병을 앓고 있어 캠프는 사실상 병원이었다.

세 번째 선박 산 호세(San Jose)호는 보급품을 가득 싣고 그해 6월에 출발하였으나 바다에서 약 3개월 동안 헤매다가 되돌아오고 말

왔다. 이 배는 이듬해 봄 일만 파운드(약 4500kg)의 각종 보급 물자, 말린 고기, 좋은 포도주 8배럴, 브랜디 2배럴, 1,250파운드의 말린 무화과, 여러 부셸의 콩, 많은 양의 레이진과 말린 생선, 교회 종각, 신부들의 제례복, 또한 인디언 개종자들을 위한 교역 물품 등을 싣고 다시 출발했다. 샌디에이고에서는 이들 물자들을 눈이 빠지게 기다리고 있었으나 이 배는 샌디에이고에 도착하지 못했을 뿐 아니라 라파즈를 출항하고는 다시 그 소식을 들을 수 없었다.

두 척의 선박이 출항한 뒤 육로 첫 팀이 1769년 성금요일에 엘 로사리오(El Rosario)를 출발했다. 대장 리베라(Rivera)와 출정대의 기록관 크레스피(Juan Crespi) 신부 지휘 아래 180마리의 당나귀와 500마리의 가축의 긴 행렬이 350마일 떨어진 샌디에이고를 향해 북상했다. 정착민과 기독교인 인디언들이 동행하였다. 크레스피 신부의 말대로 이 여정은 풀도 없고 물도 없이 돌과 가시만이 무성한 메마른 불모의 땅이었다. 2개월의 행군 끝에 이들은 대부분의 인디언들이 죽거나 낙오한 가운데 샌디에이고에 도착할 수 있었다.

마지막 육로팀은 대장 포르톨라와 세라 신부의 지휘 아래 5월 중순에 출발하였다. 그들은 바하 캘리포니아에 있는 미션들을 거쳐 갔다. 포르톨라는 "(앞으로)거쳐야 할 혹독한 사막과 또한 러시아인들과 전투에서 겪게 될 기아를 대비하기 위해 나는 후회스럽지만 약간의 것만 남겨놓고 모두 징발할 수밖에 없었다."라고 회상했다. 일행은 곧 식량이 떨어져서 "결과적으로 많은 인디언들이 죽었고 나머지도 낙오할 수밖에 없었다."라고 포르톨라는 쓰고 있다. 남은 사람들은 사냥과 낚시에 의존하여 연명하며 7월 1일 샌디에이고에 도착하였다. 포르톨라는 목적지가 하루거리에 있을 때 분견대를 세라의 손에 맡기고 앞서 출발하였다. 원래 219명이었던 이 팀은 그 반만이 알타 캘리포니아에 도착할 수 있었다. 많은 인원이 낙오되고 약 1/4은 죽었다. 샌디에이고에서 해로팀과 합류했으나 해로팀의 피해는 더 심각한 것이었다.

세라 신부는 앞서간 식민지 개척팀들과의 재회를 위해 샌디에이고로 달려가면서 팔루(Palou) 신부에게 "나는 이곳 샌디에이고 항에 도착한 것을 하느님께 감사드립니다. 이곳은 매우 아름다워 그 명성에 비해 실망시키지 않습니다. 나는 이곳에서 해로나 육로로 먼저 떠났던 일행들과 만났습니다. 죽지 않고 살았다면 말입니다."라고 쓰고 있다.

실상 그를 맞이한 것은 매우 실망스런 것이었다. 불과 수개월 전에 뉴 스페인(멕시코)을 떠났건만 그를 맞이한 것은 절반에 불과한 적은 수의 살아 있는 사람들뿐이었다. 세라가 도착할 때는 배 2척 중 한 척은 반 이상이 죽었고, 또 한 척은 전원이 병을 앓고 있었다. 샌디에이고에 도착한 후 3개월 동안에 1/3 이상이 죽었고 나머지도 대부분 앓고 있었다. 잇몸, 관절, 근육 등을 부패시키는 이 병은 잘 알려지지 않았었고 사망률이 매우 높았다. 수로에 있어 천형과도 같았던 이 병은 무자비하게도 선원에게는 피할 수 없는 위험으로 받아들여졌다. 신선한 과일과 채소로 간단히 예방되고 치료될 수 있다는 것이 당시에는 아직 알려지지 않았었고 더욱이 샌디에이고에는 과일이나 채소가 없었다. 이제 이 적은 인원은 고립무원의 처지에서 그들의 임무를 수행해야하는 절박한 상태에 놓였다.

포르톨라는 이 엄청난 사실을 보고하고 보급품을 더 가져오기 위해 리베라에게 산 안토니오 호를 가지고 산 블라스(San Blas)로 회항할 것을 명했다. 이 배는 원래 28명의 선원이 있었는데 8명이 남았으며 산 블라스에 도착했을 때는 두 명만이 살아남을 수 있었다. 배가 출발한지 수일 후 포르톨라는 괴혈병과 기아와 목마름에서 살아남은 적은 인원을 데리고 육로로 몬테레이를 향하여 출발하였다.

샌디에이고 미션 설립

포르톨라가 떠난 직후 세라 신부는 1769년 7월 16일에 캘리포니아 첫 미션 자리에 십자가를 올렸다. 그는 샌디에이고 만이 내려다보이는 언덕 위에서 약간의 생존자들과 함께 미사를 올리고 강론을 하였다. 그는 이 미션을 1588년 프란시스코 수사로서 성인품에 오른 알칼라(Alcala, 스페인의 지명)의 디에고 성인에게 헌정하였다.

약간의 인디언들이 이들을 숨어서 수상쩍게 살펴보고 있었다. 이들은 '떠다니는 집'을 타거나 '동물의 등'에 올라타고 도착한 이들이 앞으로 그들의 삶의 운명을 근본적으로 바꾸게 될 것이라는 사실은 잘 몰랐을 것이다. 그들은 미션에 들어오라는 신부들의 말에는 응하지 않았으나 구슬이나 옷 등의 선물에는 욕심을 냈다. 그러나 그들은 음식이 이들 유럽인들의 병의 원인이라고 생각하고 먹지 않았다. 그들은 정착인 들과 자유롭게 어울렸고 이들의 행동을 넋을 잃고 바라보았다. 그러나 시간이 지남에 따라 이들은 대담해져 신부들의 충고를 무시하고 병자들의 담요까지도 훔쳤다고 기록되어 있다. 일부 인디언들이 아직 정박해 있던 산 카를로스 호에 가서 돛을 훔쳐 달아나려 했다. 이 행위는 결국 전투가 되어 세 명의 인디언과 한명의 스페인인이 죽는 사고가 발생하였다. 이후로 군인들은 미션 인근에 울타리를 치고 인디언들의 접근을 막았다. 이러한 전투 속에서도 세라 신부는 한 사람도 세례를 받지 않고 죽는 인디언이 없도록 간절히 기도하는 것이었다.

스페인 미션에는 두 가지 목적이 있었으니 하나는 인디언들을 기독교인으로 개종시키는 것과 그들을 교육과 훈련을 통해 스페인의 시민으로 교화시키는 것이었다.

미션은 열심히 일하는 인디언들을 기독교인으로 개종하는 데 아주 좋은 방법이었다. 또한 이들이 이 미개척지 알타 캘리포니아의 해변을 따라 미션을 만들려는 데는 몇 가지 이유가 있었다. 미션이 항구 가까이 건설되면 이 항구에서 스페인인들과 교역을 하게 되어 미션을 통해 이 땅이 스페인의 영토임을 외국인들에게 알리게 되기 때문이다.

그러나 스페인이 캘리포니아에 미션을 설립하게 될 때는 스페인 제국의 해가 이미 저물어 가고 있을 때였다. 스페인은 영국, 프랑스, 네덜란드 등 신흥제국에 밀리고 있을 때인 것이다. 또한 유럽에서는 대각성의 시대가 움트고 있었으며 영국을 위시한 많은 유럽 국가에서 근대화가 빠르게 진행되고 있었다. 그러나 스페인은 여전히 중세에 머물고 있었다.

3 몬테레이 개척

몬테레이 개척

포르톨라는 '관목, 눈 덮인 험준한 산'들과 싸우며 몬테레이에 도착하였으나 비즈카이노의 기록과 같은 항구는 확인할 수 없었다. 비즈카이노는 몬테레이를 가장 바람직한 항구로 다음과 같이 극찬하였었다. "모든 바람으로부터 보호되고, 돛을 만들 수 있는 소나무가 흔하며, 주위에 물이 풍부하다." 몬테레이를 확인하는 데 실패한 개척팀은 샌프란시스코까지 확인하러 갔다가 되돌아왔다.

포르톨라는 이 확인되지 않은 항구와 여기서 멀지 않은 카르멜(Carmel)에 커다란 십자가를 세우고 여기에 다음과 같이 기록하였다. "샌디에이고에서 육로로 온 개척단은 굶주림에 지쳐 이곳에서 돌아간다." 포르톨라는 6개월 만에 샌디에이고로 돌아왔다. 오면서 마지막 12일은 하루에 당나귀 한 마리씩을 잡아먹으며 돌아왔다. 포르톨라가 몬테레이를 찾는 데 실패한 것은 그들을 더욱 낙담시켰다. 세라 신부는 이에 대해 "당신은 로마까지 가서 교황은 만나지 않고 돌아왔다."라고 나무랐다.

한편 샌디에이고에 남겨진 74명의 일행은 산 안토니오 호와 실종된 산 호세 호가 돌아오기를 애타게 기다렸다. 결국 포르톨라는 3월 19일 성 요셉 축일까지 보급선이 도착하지 못하면 이 프로젝트(알타 캘리포니아 개발 계획)를 포기하고 돌아갈 것을 선언했다. 선교팀은 이 결정에 반대하고 다른 사람들은 돌아가더라도 자신들은 남아 하느님께 운명을 맡기겠다고 고집하였다. 그들은 모두가 배가 오기를 기도하던 중 출발 예정일 전날 밤에 이 기도가 응답되었다. 배의 돛대가 보였던 것이다. 이에 포르톨라는 며칠 더 있기로 동의하였다. 이 배는 산 안토니오 호로 밝혀졌다. 산 안토니오 호는 이미 몬테레이에 기지가 설립되었을 것으로 생각하고 그리로 가고 있었다. 그러나 고장으로 수리를 위해 산타 바바라에 기항하였고, 여기서 추마시족으로부터 스페인인들이 모두 돌아갔다는 소식을 듣고 샌디에이고로 회항하여 3월 23일 도착하였던 것이다.

재난을 면하게 된 개척단은 그들의 최종 목적지 몬테레이 항까지 개척 임무를 완수하기로 하였다. 이들은 앞서 포르톨라가 가서 십자가를 세운 곳이 몬테레이 항이 틀림없다고 모두 확신하게 되었다. 포르톨라는 육로로 앞서 떠나고, 세라는 미션을 다른 신부들에게 맡기고 수일 후 산 안토니오 호로 출발하였다.

몬테레이로 돌아온 포르톨라 일행은 십자가에서 이상한 것을 발견하였다. 고기, 조개, 깃털 등이 걸려 있었고 땅에서는 화살이 발견되었다. 인디언들은 스페인인들이 십자가에 대해 표시했던 경외심에 경의를 표하고 또 그들의 신에게 위안의 제물을 바친 것이다.

카르멜(몬테레이) 미션 설립

1770년 6월 3일 산 안토니오 호도 몬테레이 항에 닻을 내렸다. 이곳에서 그들은 그들이 할 수 있는 최대한의 격식과 위엄을 갖추어 의식을 거행하였다. 종을 매달고는 축성하고, 제단을 설치하였다. 제단에는 동정 마리아 상이 놓여졌다. 이것은 샌디에이고 미션 봉헌에도 사용되었던 것으로 현재 카르멜 미션에 보관되어 있다. 제단 주변을 제복 차림의 군인들이 사각으로 도열하였다. 세라 신부는 제단에서 이 새로운 미션 장소를 축성하였다. 의식 중에 음악 대신 소총이 발사되었으며 축포를 발사하였다. 신부의 강론이 끝나자 포르톨라는 이곳이 스페인 국왕의 영토임을 선언하였다. 이 모든 절차를 인디언들은 숲속에서 살펴보고 있었다.

의식절차가 끝나자 일행은 즉시 군 막사와 미션 건설에 착수하였다. 군 막사와 미션의 구조물은 한 달 이내에 완성되었다. 기지는 수 개의 대포와 정착민 경비대로 무장하였다. 임무를 완성한 포르톨라는 보좌관 파게스(Don Pedro Fages)에게 지휘를 맡기고 멕시코로 돌아갔다. 몬테레이 점령의 소식이 전해지자 멕시코시티에서는 감사와 기쁨으로 대성당의 종이 울려 퍼지고 모든 교회들이 이에 화답하였다.

육상 보급로

뉴 스페인(멕시코)의 안자(Juan Bautista de Anza) 중령은 캘리포니아로의 육로 보급로를 찾기 위해 1773년 9월에 멕시코 북쪽의 소노라(Sonora)를 출발하여 콜로라도(Colorado) 강을 거쳐 사막과 험준한 산을 통과하여 왔다. 이들은 1774년 4월 20일 카르멜에 도착하였다. 그러나 그때 미션은 보급이 떨어져 기근 상태에 있었다. 팔루는 "지금까지 몬테레이에서 겪은 기근 중 가장 심한 기근이 덮쳤다. 8개월 동안 밀크만이 사령관으로부터 신부들과 밑에 졸개에 이르기까지 공유할 수 있는 유일한 식량이었다. … 카르멜 미션에서는 37일 동안 토르티야나 빵 쪼가리도 없이 지내야 했다." 라고 기록하고 있다. 안자는 보고서에 미션에 먹을 것이라고는 우유와 약초뿐이었다며, 미션의 개종 인디언들은 씨앗과 조개 등 전통적 방법으로 자신의 식량을 해결하기 위해 모두 돌려보내졌다고 쓰고 있다. 이들은 식량을 아끼기 위해 도착 이틀 만에 되돌아 왔다. 이들은 산 루이스 오비스포에서 멕시코 출장에서 돌아오는 세라 일행을 만나 카르멜의 소식을 전하였다.

1774년 5월 9일 세라가 도착하기 이틀 전 산 안토니오 호가 보급품을 가득 싣고 몬테레이 항에 도착하였다. 새로운 사령관 리베라(Don Fernando Rivera)와 캘리포니아에 첫 백인 여성으로 기록되는 여 사감 4명, 하녀 3명 등도 도착하였으며 멕시코시티에서 세라와 함께 떠난 의사, 또한 건물을 짓고 인디언을 가르치기 위해 갈망했던 목수 세 명이 함께 도착하였다.

1775년 9월 29일 안자는 2차 개척 길에 올랐다. 지난번 개척해 놓은 루트를 따라 샌프란시스코에 정착할 정착민들을 데리고 왔다. 농부와 군인 20가구를 포함하여 240명의 인원이 모두 말을 타고 동행했으며, 그밖에 500마리의 말, 350마리의 소, 165마리의 짐을 실은 노새와 많은 집기, 도구 등을 가지고 왔다. 그들은 1776년 1월 4일 산 가브리엘 미션에 도착하였다.

때마침 그 전해 12일 13일에 샌디에이고 미션에서 인디언 폭동이 일어나 하이메(Jayme) 신부가 살해되는 등 희생이 있었고 미션이 파괴되었다. 사령관 리베라는 13명의 군인을 데리고 급히 내려가던 중 안자와 그 팀의 베테란들과 합류하여 함께 샌디에이고로 가 폭동을 진압할 수 있었다. 샌디에이고 미션은 당분간 버려두게 되었으며 산 후안 카피스트라노 미션의 경우는 건설이 중단되었다.

안자는 산 가브리엘로 돌아와 몬테레이로 계속 행군을 하여 1776년 3월 10일 몬테레이에 도착하였다. 그와 동행했던 군 신부 폰트(Pedro Font)는 그 일기에 몬테레이에 관하여 "이곳의 개종 인디언들은 이미 400명이 넘었는데 양순하고 밉지 않고 샌디에이고 인디언에 비해 냄새도 덜 났다. 그들은 낚시에 종사했는데 이곳에서 좋은 물고기가 많이 잡혔다. 정어리 이외에도 산란하러 강을 따라 올라온 연어가 많았다. 이곳에 있는 동안 우리는 거의 매일 이를 먹었다. 간단히 말하면 다른 미션들도 좋겠지만 이 미션이 제일이었다."

라고 기록하고 있다.

안자와 함께 온 정착민들은 훗날 산 호세 푸에블로를 설립하는데 참여하게 된다. 그러나 당시는 리베라 사령관은 안자의 정착민들이 몬테레이를 지나 베이 지역으로 올라가는 것을 허락하지 않았다. 안자는 그해 4월 떠나기에 앞서 샌프란시스코 지역을 돌아보았다. 그는 이를 '항구 중의 항구'라고 극찬하며 이곳은 아름다운 항구가 될 수 있는 모든 이점을 갖춰 이곳이 유럽과 같이 정착이 된다면 더 이상 아름다운 항구가 없을 것이라고 예언했다.

4 미션이란?

미션

미션의 기원

미션이란 스페인이 식민지를 운영하는 한 제도요, 오랜 정책이었다. 스페인은 남북미 대륙 거의 전체에 대해 영유권을 주장하고 있었으나 그 어마어마한 영토에 비하면 너무 작은 나라여서 그들이 보낼 수 있는 정착민의 규모는 영토에 비해 턱없이 부족하였다. 그러므로 모자라는 스페인의 인력을 현지인으로 보완해야 했다. 또한 당시는 종교개혁 이후이기는 하지만 스페인은 가톨릭이 국교였고 가톨릭의 절대적인 영향 아래 있었다. 이러한 관계로 미션 제도가 탄생하게 된 것이다.

초기 식민 세력은 카리비안 제도에서 강제 노동수용소인 엔코미엔다(Encomienda)를 시행하였었다. 이는 사실상 인디언들을 노예로 부리는 농장이었다. 이러한 엔코미엔다의 잔인성에 대한 현지인의 반발은 스페인 본토까지 알려지게 되었다. 스페인 왕은 인디언의 노예화를 금하고 엔코미엔다 제도를 금지시키는 칙령을 내렸다. 가톨릭에서는 이러한 제도로부터 인디언들이 보호받을 수 있는 별도의 제도를 옹호하였다. 또한 이는 인디언을 스페인화 하려는 왕실의 정책과도 맞았다. 정복이 진행됨에 따라 가톨릭에서는 인디언들을 모아 엔코미엔다와 별도의 커뮤니티(Reducciones)를 만들었다. 이러한 노력이 커뮤니티를 만들어감에 따라 이 제도는 멕시코에서의 스페인 세력 확장에 핵심적 요소가 되었으며 이를 미션이라 부르게 되었다.

아센션(Antonio de Ascencion)을 포함한 3명의 카르멜라이트 신부들이 비즈카이노의 캘리포니아 탐험에 동행하였다. 이로 인해 몬테레이 바로 밑의 항구는 카르멜(Carmel)로 명명되었다. 탐험에서 돌아온 이들은 캘리포니아의 식민화가 빨리 이루어져야 한다고 주장했으며, 바하 캘리포니아의 산 베르나베(San Bernabe- 현재의 Cabo San Lucas)에서 시작해야 한다고 주장하였다.

아센션은 이 제의를 통해 다음과 같이 주장했다. 첫째, 이 개척과정은 군인을 앞세워야 하지만 군인은 신앙심이 돈독한 자라야 한다. 둘째, 원주민에 대한 처우의 최종적 결정은 종교인에게 맡겨야 한다. 또한 그는 비록 원주민들이 도발을 해온다 하더라도 전쟁을 한다거나 원한을 살 일은 해서는 안 되며, 오직 이렇게 함으로써만 모든 것이 평화롭게 사랑과 침착함으로 크리스천답게 진행할 수 있으며, 이것이 이 지역을 평정하고 복음을 전하는 방법이라고 주장하였다. 이는 훗날 많은 참고가 되었다.

미션의 설립

당시 인디언들은 멕시코 일부, 페루의 일부 등 약간 문명화된 곳을 제외하면 대부분 석기시대 수준의 매우 원시적인 상태에 있었다. 따라서 모든 것을 처음부터 가르쳐야 하는 매우 어려운 여건이었다. 스페인은 미션을 통하여 식민지의 원주민 즉 인디언들을 자립할 수 있도록 교육하고 자립 후에는 스페인의 국민으로서 식민 정책에 동참시키는 것이 목표였다. 미션을 설립하기 위해서는 신부 2명과 약간의 군인(10명 정도)과 약간의 정착민이 동행하여 목적지로 간다. 여기서 우선 교회를 설립하고 인디언들을 모아 사목하게 된다. 그러나 여기에 그치지 않고 인디언들의 산업화, 교화 작업을 하는 것이다. 다시 말하면 학교도 짓고 목축과 농사 등을 가르치며 인디언들과 공동체를 만드는 것이다. 이 모든 것이 미션 안에서 이루어진다. 미션에 합류하는 원주민들은 가톨릭 신앙생활에 대해 배우고, 농사와 목축 기술을 배우고, 옷감과 건축자재들을 만드는 법을 배운다. 미션의 인구가 늘어나는 만큼 미션은 확대되어 작은 도시를 이루게 된다.

미션 설립의 임무가 주어지면 신부들은 우선 그곳에 가서 목재와 물이 풍부한지, 또한 목축과 농업에 유리한 여건인지 등 입지를 보고 미션 부지를 결정한다. 통상 2명의 신부가 하나의 미션에 배치된다. 2명이 배치되는 이유는 오랜 기간 혼자 지낼 경우 외로움으로 인한 정신적 압박을 견디기 어렵기 때문이다.

정부의 한 기구로서 미션은 정부로부터 그 자금을 지원받았다. 그러나 캘리포니아 미션이 설립될 당시는 정부의 기금이 모자라 '파이어스 펀드'라는 개인 기탁금에서 지원이 되었는데 이것은 예수이트회에서 바하 캘리포니아에 설립해 놓은 것으로 정부가 예수이트회를 추방할 때 넘겨받은 것이었다.

미션이 설립될 때 각 미션은 이 파이어스 펀드로부터 1,000달러 정도의 기금을 받아 종, 공구, 씨앗, 제복, 그밖에 필요한 것들을 샀다. 그밖에 기존의 이웃 미션들로부터 씨가축, 씨조류, 곡물, 씨앗, 깎은 털, 포도주 등이 제공됐다. 또한 정부는 미션과 요새에 있는 군인들에 대한 비용도 부담했다. 미션의 모든 경제활동은 모두 가까운 요새 사령관에게 보고하였다.

미션은 원칙적으로 한시적인 제도였다. 미션은 인디언들의 재산(토지 소유권)을 위임받아 운영하다가 인디언들이 자립이 가능하다고 생각될 때 그 재산과 행정을 마을에 이관하는 것이었다. 다시 말하면 일정기간이 지나 인디언들이 자립 능력이 생기면 푸에블로(말하자면 시청)를 만들고 여기에 행정 기능을 이관한다. 또한 미션의 재산은 공공부분과 개인부분으로 구분하여 마을과 인디언 개인들에게 소유권을 이관하는 것이다. 그리고 신부들은 순수한 교회의 일만을 담당하게 되는 것이다. 이러한 절차는 멕시코와 중남미를 통해 200년간 실제로 이행되어 왔다. 스페인인이 도착하기 전 어느 정도 문명화가 진행되어 있던 멕시코, 중앙 아메리카, 페루 등지에서는 이러한 인계 절차에 문제가 없었다. 그러나 알타 캘리포니아 지역의 인디언들은 너무 원시적이어서 이렇게 절반의 문명화에도 너무 시간이 걸려 세속화 때까지 65년 동안 21개의 미션 중 어느 곳도 이런 단계에 이르지 못했다.

그러나 이러한 정책은 일반적으로 식민지인들의 재산권은 고사하고 인권조차 인정치 않았던 당시의 다른 나라 식민 정책과는 상당히 대조적인 것이었다.

미션의 건설

미션은 신부의 자의가 아니라 규정에 따라 건설되는 것이다. 모든 미션이 서로 다른 형태로 지어졌지만 하나의 기본 설계로부터 비롯되었다. 전형적인 미션의 구조는 크게 4각으로 담이나 건물로 둘러싸인 형태이고, 그 안쪽은 회랑이 있어 작업실, 신부실, 식당, 주방, 창고, 사무실이 연결된다. 가운데 정원이 있다. 외부로는 통상 하나 혹은 두 개의 문만 있다. 밤에는 이 문을 잠가 외부의 약탈에 대비하고 내부 거주자들을 보호한다.

병원은 미션에서 가장 조용한 곳에 위치한다. 이곳에는 학교도 보통 함께 있다. 통상 사각정원 뒤쪽 건물은 부엌에서 일하는 미혼 여성들의 숙소다. 젊은 여성들은 이 기숙사에서 수녀들과 비슷하게 생활한다. 결혼을 할 때까지 기숙사를 떠나지 않는다.

개종 인디언들은 미션 담밖에 그들의 집을 짓고 거기서 살았다. 미션을 중심으로 15내지 20개의 농장이 60내지 80마일의 거리에 뻗어 있으며 채플들이 있다. 미션 맞은편에는 하사관과 사병 등 4명 정도의 기병으로 구성된 경비병 초소가 있다. 이들은 미션 간의 연락을 담당하며, 미션 초기에는 미션을 공격하는 야만인들을 물리치기도 했다.

통상 미션 설립은 미사의 봉헌으로 시작되기 때문에 성당의 건설이 가장 먼저 이루어지며, 미션의 중심으로 가장 크고 당당한 구조물로 통상 사각정원의 북동쪽에 위치한다. 그러나 실제 성당은 미션의 아주 작은 일부분에 불과했다. 미션에서 창고, 작업실, 군인 막사, 제분공장, 제혁공장 등은 필수 시설이었다. 미션 담밖에 교회 쪽으로는 묘지가 있었다. 담밖에는 또한 대형 작업장, 미션에서 사용하는 물을 공급하기 위한 수조, 또는 과일나무를 키우는 과수원 등이 있었다. 미션 주위에는 항상 광활한 들이 있었고 여기서 곡물을 경작하고, 양, 소, 말 등의 가축을 길렀다.

초기에는 목조 건물에 갈대지붕 등 초라하게 시작했다. 그런데 적대적인 인디언이 불화살을 던져 지붕이 모두 타 버리는 사고가 발생하자 파드레들은 흙을 구어 기와를 만들게 되었다. 이러한 지붕은 지금까지도 캘리포니아에서 쓰이고 있다. 또한 파드레들은 인디언들에게 아도비(흙벽돌)를 만드는 방법을 가르쳐 아도비 건물로 바꾸었다.

성당 건설에는 통상 4~5년의 세월이 걸렸다. 성당 위로는 종탑이 있고 종은 통상 뉴 스페인 혹은 페루에서 운송되어 왔다. 어떤 것은 스페인에서 운송되어 온 것도 있다. 이 종은 인디언들에게 작업

시간 혹은 기도시간을 알리는 중요한 구실을 하였다.

빈약한 재원만으로, 유럽의 장인 혹은 기술인의 도움도 없이 오직 지적으로 부족하고 가끔 호전적인 야만인의 도움만으로 이 같은 건축, 제분소, 기계류, 교량, 도로, 관개수로 등을 만든다는 것은 놀라운 일이었다. 거의 모든 미션 건물의 건설에는 10내지 20마일 떨어진 산에서 잘라온 목재가 동원 됐다.

처음 미션들은 몬테레이와 샌디에이고 두 곳을 중심으로 해안을 따라 뻗어나가는 형태였다. 몬테레이와 거의 동시에 발견된 샌프란시스코는 방어기지로 선정되었다. 산타 바바라(Santa Barbara)해협에 3개의 미션이 설립되자 미션 간의 거리 문제는 현저하게 해결되었다. 미션 간의 거리 문제가 해결되자 식량 등 보급품의 문제도 해결되었다.

식량의 자급 문제가 해결되자 신부들은 미션을 내륙 깊이 개척하는 문제를 검토하게 되었다. 실제로 파드레들은 캘리포니아 내륙 지방인 캘리포니아 대중앙분지에도 미션을 건설하기로 하고 그 입지 선정 등을 마쳤으나 정치적 격변으로 인하여 실현되지 못했다.

인디언

인디언의 모집

팔루 신부는 세라 전기에서 "호기심이나 작은 선물에 이끌리어 인디언들이 신부를 방문하면(그렇지 않은 날이 드물었다) 신부님이 제일 처음 한 것은 자신의 손으로 그들에게 성호를 그은 후 그들에게 십자가에 경배하도록 하였다. 이런 절차가 끝나면 그는 밀이나 옥수수를 끓여 만든 음식, 혹은 이런 곡물을 갈아 만든 죽을 대접하거나 혹은 구슬이나 장신구 등으로 그들을 위로하였으며 이런 식으로 그들의 말을 배웠다. … 중략 … 그는 또한 개종자들에게 누구에게나 '하느님 사랑'이라고 인사하도록 가르쳤다. 이러한 습관은 널리 퍼져 인디언들이 신부뿐 아니라 모든 스페인인을 만나면 이렇게 인사하게 되었다."라고 쓰고 있다. 이곳을 방문했던 페루즈(Perouse)는 이렇게 인디언들이 서로 혹은 스페인인을 만나 '하느님 사랑'이라고 인사하는 것은 매우 감동적이었다고 말하고 있다.

파드레들은 인디언의 뜻에 반하여 강제로 원주민을 모집하지는 않았다. 기독교를 받아들이느냐 여부는 전적으로 원주민 본인의 자유였다. 파드레들은 색구슬 등으로 인디언을 유인했다. 색구슬은 인디언 사회에서 최고의 부를 의미했고, 이를 갖는 사람은 즉시 최고의 부자가 되는 것이었다. 또한 신분에 의해 고착되어 있는 사회에서 스페인인과의 교류는 인디언 사회에서 신분의 상승을 의미했다. 이러한 신분 상승의 기회가 미션에는 열려 있었다. 또한 미션에는 항상 식량과 숙소가 준비되어 있었다.

1805년 타피스(Estevan Tapis) 신부의 설명에 따르면, 인디언들은 미션에서 해야 할 바 업무와 규율, 또한 처벌까지도 모두 숙지하고서 세례를 받을 것인지 여부를 결정하게 되었다. 세례를 받기 전까지 그들은 그들의 이교도 마을로 언제든지 돌아갈 자유가 있었다. 그러나 일단 기독교를 받아들이면 자유롭게 미션을 떠날 수는 없었다. 이들은 서약한 기독교인으로 간주되었고, 또한 비록 완전하지는 못해도 스페인 연방의 일원으로 간주되었다. 이들은 해방될 때까지 스페인 식 사회적 정치적 여건을 배워 기독교적 환경에 점차 적응해 나갈 것으로 기대되는 것이었다.

그러나 인디언 부족들에게 미션이 제공하는 삶을 이해시키는 데는 많은 시간이 걸렸다. 많은 사람들이 전통적 수렵 생활의 게으름을 버리지 않고 미션에 합류하지 않았다. 미션에 합류하기 위해서는 '세례'를 받아야 했고, 이 세례는 '죄'뿐만 아니라 '자유'까지도 함께 가져가는 것을 의미했기 때문이다. 첫 5개의 미션에서 첫 5년간 개종한 숫자는 다음과 같다. 491명이 유아 세례를 받았고, 462명이 입교했으며, 62쌍이 혼배성사를 받았다(이는 1년에 미션 당 3건이 안 된다). 결론적으로 그렇게 헌신적인 파드레들에게도 인디언들의 개종은 그다지 쉬운 일이 아니었음을 의미한다.

인디언의 교육과 훈련

파드레들은 학교를 세우고 원주민에게 스페인어의 읽기와 쓰기를 가르쳤다. 원주민들의 문화가 유럽과 너무 달랐기 때문에 파드레들이 이들에게 유럽식 교육을 시도하는 것은 매우 어려운 일이었다. 원래 인디언들의 언어로 교육하고자 하였으나 엄청난 수의 방언을 만나 신부들은 포기할 수밖에 없었다. 캘리포니아에만 크게 6개의 언어가 있었고, 각 언어는 또 많은 수의 방언을 갖고 있었다. 더욱이 이들 언어는 모두 근대 생활과 기독교의 핵심 교리를 설명하는 데는 매우 부적절했다. 파드레들은 스페인어를 가르치는 수밖에 없었다.

미션에서는 원주민들에게 노동일도 가르쳤다. 이것은 교화의 첫 단계였으며 또한 미션의 자급자족에도 매우 요긴한 것이었다. 이 훈련은 통상 산업훈련원과 같은 것이었으며 어떤 곳은 2,000명을 수용하기도 했다. 남자에게는 기와제작, 목공, 농사, 직조, 동물사육, 금속제련, 가죽가공 등을 가르쳤고, 여자에게는 방적, 직조, 셔츠에서 바지까지 모든 옷 수리 등을 가르쳤다.

미션에서는 군인 혹은 민간인을 고용하여 이 같은 훈련을 지도하였다. 산타 바바라의 경우 무두질을 가르치기 위해 군인 한 명을 연봉 150페소(Peso) 정도로 고용하였다. 또한 인디언들에게 목공일을 지도하는 것을 조건으로 민간인 라미레즈(Jose Antonio Ramirez)를 식사 포함 하루에 1페소에 채용했다. 같은 방법으로 인디언들에게 제화(구두제작)의 숙련을 높이기 위해 군인을 고용했다.

이렇게 하여 인디언들은 경작자, 양치기, 카우보이가 되었고, 또 대장장이 혹은 목수가 되었다. 또한 개종 인디언들은 아도비(햇볕에 말린 흙벽돌)를 만들고, 가마에 구은 기와도 만들었다. 미션의 작업실에서는 가구나 농기구의 대부분을 만들고 있었다.

파드레

미션 성장의 긴 세월 동안 미션의 지도자도 간단없이 교체되었다. 세라 신부는 1784년까지 일을 하다가 죽었다. 후임 라수엔(Lasuen) 신부는 바하 캘리포니아에서 미션을 맡고 있다가 알타 캘리포니아로 부임한 사람이다. 라수엔 신부는 바하 캘리포니아에서도 침체에 빠진 미션에 생기를 부어넣은 유능한 신부로 알타 캘리포니아에서도 유감없이 그 능력을 발휘하게 되었다.

도합 34년 동안 이 두 신부는 캘리포니아 미션의 기초를 다져 놓았다. 그 후 세속화까지 31년 동안 약 6명의 신부가 바뀌었으나(타피스 신부, 두란 신부 등) 그 누구도 이 두 사람의 크기에 비교될 사람은 없었다. 그 후 미션도 3개 추가되었을 뿐이다(2개는 스페인, 1개는 멕시코).

군과 종교 간의 주도권 분쟁

군과 종교계 간에 인디언에 대한 주도권을 다투는 투쟁이 따르기도 했는데 종교계란 프란시스코 수도회, 도미니크 수도회, 예수이트 등을 말한다. 이러한 대립관계는 바하 캘리포니아에서도 있었으나 알타 캘리포니아는 다음과 같은 이유로 그 폐해가 심했다.

1) 프란시스코 수도회는 예수이트 수도회가 누렸던 군에 대한 지위를 갖지 못하고 이 사업에 뛰어 들었다.

2) 캘리포니아의 지사로 임명되는 군 장교들은 그 시대적 환경 변화에 따라 대각성 시대의 평등이나 자유라고 하는 가치관으로부터 더욱더 영향을 받게 되었으며, 이것은 미션 제도를 통해 원주민들에게 주어지는 신부들의 가부장적 권위에 대해 더욱 반대하게 만들었다.

3) 또한 알타 캘리포니아의 토질이 바하 캘리포니아보다 훨씬 기름져 생산에 대한 미션의 독점적 지위가 군인들에게는 더욱 더 뼈아픈 것이었다.

알타 캘리포니아에서도 선교사들의 파워는 막강한 것이었다. 이들의 영향력은 1773년 세라 신부가 멕시코로 출장을 가서 몬테레이의 군 사령관을 해임하도록 현지 관리들을 설득했을 때 이미 증명된 것이다. 군은 이에 대해 프레시디오를 강화하고 미션에 버금가는 인구와 파워가 집결된 푸에블로를 창설하려고 시도했다. 이 전략의 중요한 부분 하나는 군이 보다 많은 이민자들을 알타 캘리포니아로 오도록 유도했다는 것이다.

그러나 1810년 독립 운동 이후 멕시코의 불안정은 이러한 군의 노력을 매우 힘들게 만들었다. 멕시코의 관리들은 내전을 감당하는 데도 바빠 알타 캘리포니아에서 군, 프레시디오, 그리고 푸에블로가 미션에 대항하기 위한 지원을 제공해 줄 수 없었다.

그러므로 실상 스페인 통치가 끝날 때쯤에 미션은 알타 캘리포니아의 인구의 중심이었으며 모든 면에서 경제 활동의 중심이었다.

5

원주민

원주민의 방언

Tolowa
Yurok
Chilula
Hupa
Wiyot
Whilkut
Chimariko
Mattole
Nongatl
Sinkyone
Lassik
Wailaki
Cahto
Karok
Shasta
Modoc
Achumawi
Atsugewi
Northern Paiute
Wintu
Yana
Maidu
Nomlaki
Yuki
Konkow
Washoe
Pomo
Patwin
Nisenan
Lake Miwok
Wappo
Coast Miwok
Miwok
Costanoan
Northern Paiute
Mono
Yokuts
Koso
Tubatulabal
Esselen
Salinan
Kawaiisu
Kitanemuk
Chemehuevi
Mojave
Chumash
Tataviam
Serrano
Gabrielino
Cahuilla
Luiseno
Kumeyaay
Yuma
Cupeno
Algonquin
Athapascan
Hokan
Penutian
Uto-Aztecan
Yukian

원주민(인디언)

스페인 왕은 20개, 멕시코는 1개의 미션을 인디언들에게 설립해 주었다. 그러나 이곳에 1만년 이상 살아온 인디언은 미션을 요구하지도 않았고, 신부를 보내달라고 요구하지도 않았다. 그들은 스페인인들의 화려한 제복과 함정을 보고 놀랐을 것이며, 또 동부로부터 들려오는 백인들의 엄청난 화력과 기마병의 위력 등을 들으며 일부 인디언 선각자들은 그들의 운명이 바뀌고 있다는 것을 예감했을 것이다. 백인 세력의 등장은 인디언들에게 큰 변화를 가져왔다. 특히 계급 사회였던 당시의 사회상으로 볼 때 인디언들은 차별과 인욕의 시기를 맞았다고 보겠다. 이러한 사회여건에서 스페인인의 등장은 원주민 사회에 어떤 변화를 주었을까.

이곳 캘리포니아의 인디언들은 적은 인구의 인원이 서로 독립적으로 살아갔기 때문에 왕과 같은 정부형태라고는 찾을 수 없었다. 스페인인들은 멕시코에서와 같은 인디언의 통치자 혹은 정부를 찾았으나 없다고 결론지었다. 궁전도, 편전도, 왕도, 헌법도, 조직적인 군대도 없었다. 스페인인들이 상대할 장군이나 두목이나 귀족도 없었다. 또한 전쟁이나 전투를 위한 전문적인 조직도 없었다. 교회도 없었고, 사원도 없고, 이렇다 할 사제 계급도 없었다. 백인이 도착하기 전에 캘리포니아 원주민들은 글이 없었고, 정치적 조직도 없었다. 따라서 정식으로 전쟁이라 부를 수 있는 것도 없었다.

원주민들의 식량은 이곳 토착지 자연 생산품이었다. 해안에서는 조개, 물고기, 혹은 해안 조(새)류 등 작은 사냥감등을 잡아먹었고 내륙지방에서는 도토리를 돌로 갈아 먹으며, 새 혹은 짐승을 덫이나 무기로 잡아먹고 살았다. 무기는 활과 화살로서 활촉은 날카로운 돌이나 짐승의 뼈로 만들었으며, 활시위는 동물의 힘줄로 강화하여 사용하였다. 농사는 짓지 않았다. 집은 갈대나 풀을 돔 혹은 콘 형태로 묶은 것이었다. 생산품은 바구니 등이었다. 이 바구니는 아주 촘촘하여 물이 새지 않을 정도였다.

남자는 대체로 나체로 지냈으나 망이나 깃털로 스커트를 만들어 걸치기도 했다. 여자는 동물가죽, 특히 토끼가죽으로 망토나 앞치마를 만들어 걸쳤다. 이들은 추위를 막기 위해 추울 때는 몸에 흙을 발랐다. 이들은 바디 페인트를 많이 했다. 스페인인이 도착한 후는 스페인인의 복장을 흉내 내어 바디 페인팅을 했다. 이같이 옷감이 없었기 때문이었는지 이들은 옷감을 몹시 탐냈다. 샌디에이고에서는 개척팀이 도착하였을 때 병자들의 담요도 훔쳤고 심지어 배의 돛까지 떼어가려 해 전투가 벌어지기도 하였다.

캘리포니아 인디언의 인구밀도가 미 대륙 여타 지역의 인디언 인구밀도에 비해 높았다. 일반적으로 매우 건강하여 산타 바바라 미션에서 세례를 받은 4771명 중 고질적 질병, 장님, 불구, 정신질환자 등은 30명에 불과했다. 그러나 원주민의 평균 수명은 25세 내지 30세 정도여서 40세면 이미 고령자에 속했다. 홍역, 천연두, 성병 등 백인병에 대한 면역은 없었다. 테메스칼(Temescal)이라는 것이 있었다. 밀폐된 공간에다 불을 피우고 안에서 땀을 흘리는 것으로 일종의 사우나와 같은 것이었다.

알타 캘리포니아 지역에 사는 인디언 원주민 인구에 대해서 정확한 통계는 없다. 추정되는 인구는 어떤 책에는 십여만, 어떤 책에는 삼십 내지 사십만 이라고 추정한다. 대체적으로 북쪽의 인디언은 좀 크고 남쪽은 작은 편이었다고 한다.

인디언 방언

캘리포니아 인디언은 크게 약 6개의 종족에 속해있었다. 또 하나의 종족에도 숱한 방언이 있어 어떤 곳은 불과 2~3마일 떨어진 부족 간에도 말이 통하지 않는 경우가 있었다고 한다. 학자들의 말에 따르면 북미대륙의 모든 인디언 방언 중에 약 1/4이 이곳 캘리포니아 방언이라 한다. 스페인 왕에게 보고하기 위해 1795년부터 멕시코 정부는 미션에 대해 연례보고서를 요구하였다. 몬테레이의 카르멜 미션의 1814년 2월 5일자 보고서에 인디언의 방언에 대한 중요한 기록이 있다.

몬테레이의 카르멜 미션에 있던 인디언은 모두 7개 부족이었다. 에셀렌(Esselen), 에헤악(Egeac), 룸센(Rumsen), 사르헨트룩(Sargent Ruc), 사르코네노스(Sarconenos), 와치론(Guachirron), 그리고 칼렌다 룩(Calenda Ruc) 등이었다. 이 중 주요 종족은 카르멜 계곡의 룸센(Rumsen)족과 몬테레이의 에셀렌(Esselen)족이었다. 이 보고서는 불과 수마일의 거리에 불과한 몬테레이와 카르멜 밸리의 두 부족의 언어상의 차이를 설명하고 있다. 영어로 "Men who are good bowmen are esteemed and well liked."(활을 잘 쏘는 남자는 존경받고 환영받는다.)는 말에 대해 카르멜의 룸센 부족의 방언은 "Maxima Muguianc jurrigning igest oyh laguan eje uti maigin." 이며, 불과 5~6마일 밖에 안 떨어진 몬테레이의 에셀렌 족의 말은 "Eg enoch lalacuimos talogpami ege salegua lottos, takeyapami lasalachis."이었다. 대문자와 문장기호는 원문의 것을 따랐을 뿐이다. 이것은 이들 이웃의 부족들이 기독교로 개종하기 전 얼마나 이질적인 환경에 살아왔는지 이보다 잘 설명해 주는 것은 없다. 그밖의 미션들도 하나의 부족으로 구성된 미션은 거의 없었다고 한다.

미션에 대한 원주민의 반응

스페인은 650마일에 퍼져있는 십여만 명의 인디언을 약 300명의 경비병으로 통제할 수 있었다. 인디언들은 기본적으로 양순하였고 조직적 전투라는 것을 몰랐다. 또한 인디언들의 활과 창은 스페인인의 총기에 상대가 되지 않았으며, 군인들은 인디언들의 화살이 뚫지도 못하는 갑옷을 입고 있었다. 일부 군인들은 말을 타고 있었는데 이는 스페인인들이 오기 전에는 인디언들이 전혀 보지 못했던 것으로 인디언들에게는 엄청난 전략적인 우위를 점할 수 있었다.

인디언들은 미션에 대해서는 대체로 온순히 받아들인 편이었다. 스페인에서는 정책적으로 인디언에게 강요하는 것이 적은 편이었고 특히 미션이 본인의 의사에 반하여 미션 생활을 강요하지 않은 데도 원인이 있다고 보아야겠다. 특히 네베의 정책이 처음 실시되었던 산타 바바라 지역에서는 인디언 부족의 추장들은 다른 지역을 방문하고자 할 때 스스로 프레시디오에 보고할 만큼 협조적이었다.

그러나 미션에 대해서 저항한 경우도 여러 번 있었다. 일부 인디언 지도자들은 선교를 인디언에 대한 영적 정복으로 인식했다. 또한 미션보다는 미션 경비병들과의 마찰이 인디언들의 반발의 원인이 되기도 했다. 또 비 개종 인디언과 개종 인디언들과의 마찰이 그 원인이 되기도 했다. 대규모의 저항은 산타 바바라 미션 지역과 산호세 지역에서 있었던 저항이었다. 엄격한 규율에 대해서 저항했다고 보아야겠다.

어떤 것이 이유가 되었든 인디언들은 백인들이 자신이 살고 있는 땅을 점령한데 대해 반감을 갖는 것은 매우 자연스러운 일이다. 그러나 엄청난 문명의 차이로 인해 저항을 할 엄두를 내지 못했다고 보는 것이 타당할 것 같다.

산 가브리엘 미션 설립 초기 인디언들은 협조적이었다. 그러나 경비병 한 명이 인디언의 추장의 부인을 건드려 인디언들은 반발하게 되었다. 그러나 미션을 공격했던 인디언들은 경비병의 총에 오히려 격퇴되었으며, 추장은 살해되었다. 경비병들은 이 추장의 머리를 효수하였다. 보복하려던 인디언들은 오히려 다시 찾아와 추장의 머리를 돌려 달라고 머리를 조아리는 수밖에 없었다.

1785년(10월 25일) 산 가브리엘 미션 인근의 인디언들이 미션을 공격했다. 이 계획은 사전에 발각되어 공격이 시작되자마자 체포되었다. 주모자는 토이푸리나(Toypurina, 그는 비 기독교인으로 무당이었다)라는 여자와 기독교 개종자 호세(Nicolas Jose)로, 이들은 재판에 회부되었다. 그녀가 공격을 계획한 가장 큰 이유는 스페인인들이 인디언들의 땅에 살고 있다는 것이었다. 이들은 유죄 판결을 받고 남자들은 샌디에이고 미션으로 노역에 보내졌다. 토이푸리나는 가브리엘 미션에 투옥되었다가 종국에 기독교로 개종했으며, 다른 미션으로 가서 자유인으로 살 수 있게 되었다.

백인들에게 가장 성공적인 항쟁을 이끌었던 산 화킨 지역의 에스타니슬라우(Estanislao)도 결국 나중에 스스로 미션으로 돌아와 말년을 지냈다고 한다. 일단 문명의 맛을 본 인디언이 다시 원시사회로 돌아가 비바람을 맞으며 노숙을 하며 매일 먹을 것을 찾아 헤매야 한다는 것은 견디기 힘든 고통이었을 것이다.

결국 인디언들은 안정된 식량이 보장되고, 건강에 대한 관리가 약속되며, 무장된 군인들로 부터 신변을 보호받을 수 있는 미션을 선택할 수밖에 없었다.

6

캘리포니아 미션의 문제점

미션의 취약성

몬테레이 개척이 끝난 후 샌디에이고와 몬테레이 두 곳에 미션이 설립되었다. 세라 신부는 미션회장(President of Missions)이었으며, 알타 캘리포니아의 지사는 파게스(Don Pedro Fages)였다. 이제 이들 두 사람은 힘을 합하여 산적한 문제를 해결해야 했다.

식량

알타 캘리포니아는 뉴 스페인에서 수개월의 거리에 떨어져 있어 보급이 매우 어려웠다. 보급선도 200톤으로 너무 작았다. 또한 이는 날씨에 따라 수 주씩 늦어지는 경우가 허다했다. 어떤 때에는 바다에서 실종되어 버리기도 했다. 바하 캘리포니아에서의 육로보급은 긴 당나귀 행렬을 거느리고 물과 풀도 없는 황무지 수백 마일을 계속 행군해야 했다. 세라 신부의 계산에 따르면 알타 캘리포니아를 육로 보급에 의지하려면 1,500마리 정도의 당나귀가 필요한데 이는 뉴 스페인(현재의 멕시코) 북부 전체의 당나귀 수보다 많은 수였다. 근본적으로 바하 캘리포니아는 알타 캘리포니아를 지원하기에는 너무 빈약했다. 1769년 샌디에이고에서의 기근에 이어 1772년에도 기근이 있었는데 사냥으로 간신히 굶주림을 면할 수 있었다.

그런데 미션은 스스로 자급자족하기 위해서는 농사를 짓고 또 가축을 길러야 하는데 이것은 정착민이나 개종 인디언들이 없이는 불가능한 것이었다. 더 많은 인디언을 개종시키기 위해서는 더 많은 미션이 필수였다. 더 많은 미션을 위해서는 더 많은 신부, 장인, 군인은 물론이요, 여기 따라 더 많은 장비와 식량 등이 필수였다.

안보

안보 역시 큰 문제였다. 두 미션은 서로 650마일 떨어져 있었다. 그 사이에는 십여만 명의 인디언이 흩어져 살고 있었다. 인디언은 언제든 미션 상호간의 메신저나 혹은 보급물자를 공격할 수 있었다. 샌디에이고에서 몬테레이까지 가려면 반드시 산타 바바라 지역을 통과해야 했는데 이 지역의 원주민은 추마시였다. 세라는 추마시를 존중했지만, 추마시가 그들의 힘으로 캘리포니아를 둘로 가를 수 있음을 알 것을 우려했다. 실제로 인디언은 1772년 파게스와 세라의 개척팀을 링콘(Rincon)에서 공격했고, 1775년에는 라수엔(Lasuen)이 동행하던 짐 행렬을 도스푸에블로스(Dos Pueblos)에서 공격했다. 따라서 세라는 이 해협에 미션을 세울 것을 끈질기게 주장했다. 그는 산타 바바라 지역이 복음화에 최적지임을 주장했고, 또 남북의 통신상의 가치도 강조했다.

이 같은 신부들의 입장에 대해 상하 양 캘리포니아 지사들은 모두 반대하였다. 지사 측은 인디언들의 호의적인 반응이 언제 적대적으로 바뀔지 모른다는 입장으로 호위 병력은 필수이며 호위 병력의 부족을 이유로 이를 받아들이지 않았다. 같은 이유로 뉴 스페인에 있는 세라의 상사들도 반대하였다.

지휘 체계의 문제

문제는 또 있었다. 미션은 뉴 스페인의 총독 소관이었다. 그러므로 미션은 다만 영적부분만 제외하고는 기본적으로 지사 소관이었다. 그러나 세속 일과 영적 일의 구분이 그리 간단한 것이 아니어서 신부들과 세속 지휘 체계와 항상 마찰의 소지가 있었다. 바하 캘리포니아에서 미션 설립 과정에서는 군(Presidio)과 종교 간의 헤게모니, 특히 인디언에 대한 지배 문제에서 갈등이 있었다. 이러한 과정은 알타 캘리포니아에서의 미션 설립 과정에서도 처음부터 문제가 되었다. 그러나 외교적으로 능숙했던 포르톨라 지사 시절에는 나았으나 그 후임들과는 마찰이 자꾸 확대되고 있었다.

또한 군인들 역시 큰 원인이었다. 이들 대부분은 뉴 스페인에서 차출된 현지인으로 하류계층 출신이 그 주류를 이루고 있었다. 이들은 계속 인디언 여인들에 대한 탐욕을 보였고 이는 인디언들과의 충돌의 원인이 되었으며, 나아가서는 무력 충돌로 발전하기도 하였다.

세라의 멕시코 출장

캘리포니아 지사는 포르톨라에서 아르모나(Matias de Armona)로 교체되었다. 그는 당시 캘리포니아 수도인 바하 캘리포니아의 로레토(Loreto)에서 알타 캘리포니아에서 새로운 미션이 건설되어서는 안 된다는 명령을 발표했다. 갈베즈(Galvez)는 멕시코를 떠나 스페인으로 돌아갔고, 새 총독 부카렐리(Antonio Bucareli)는 새로운 캘리포니아 지사의 상신을 받아들이려 하였다. 이 같은 이유로 세라는 총독을 설득시키기 위하여 멕시코에 직접 출장을 갔다. 세라는 멕시코시티로 출장을 가 알타 캘리포니아의 인디언들에게 미션이 가장 적절한 정복 방법임을 설명하고 캘리포니아가 스페인 왕에게 얼마나 가치 있는 땅인지를 설득하였다. 그는 32개 항으로 나누어 조목조목 설득하였다. 이 뿐 아니라 세라는 현상 설명에 그치지 않고 나아가 개선을 요구하였다. 목수와 대장장이를 군인과 같은 급료 수준으로 미션에 보내 줄 것과 캘리포니아의 식민의 첫 단계로 결혼한 군인과 미술인을 보내줄 것을 요구하였다. 또한 캘리포니아의 자급자족을 위해 현지인과 결혼한 스페인인에게는 토지와 가축을 넘겨줄 것을 요청하였다. 또한 세라는 지휘 체계에 혼선이 있는 미션의 관할권을 신부들에게 전적으로 위임할 것도 요청하였다.

멕시코시티에서는 세라가 청원한 것을 대체로 받아들였다. 산 블라스 이북에 대한 지원을 담당할 새로운 매니저가 임명되었고, 향후 미션에 대해서는 전적으로 선교사들의 지휘에 맡기기로 하였다. 그러나 캘리포니아의 수도는 여전히 바하 캘리포니아의 로레토(Loreto)로 남게 되었다. 또한 푸에블로를 형성하는 구체적 계획이 시행되게 되었다. 다만 안자가 청원한 북부 멕시코 소노라(지금의 뉴 멕시코 지역)에서 캘리포니아로 가는 육로 개척을 위한 탐험대에 대한 결정은 보류되었다. 또한 세라는 총독으로부터 추가 보급 및 보충 병력을 약속받고, 또 알타 캘리포니아에 5개의 추가 미션의 건립을 약속받았다. 또한 현재의 알타 캘리포니아 지사의 교체도 약속받았다.

세라는 풍성한 선물을 갖고 돌아왔다. 원주민을 위한 옷감 다섯 묶음(약 500Lb), 수도사, 외과의사, 여섯 명의 기계공 등을 대동하고 돌아왔다. 1774년 1월 24일 일행은 산 블라스에서 산티아고 호를 타고 북쪽으로 향하였다. 이 배는 세라가 멕시코로 갈 때 공사가 중단되었던 바로 그 배였다. 세라 일행은 샌디에이고에서 내려 육로로 카르멜을 향하여 여행을 계속하였다. 이곳부터는 모든 미션을 돌아보기 위해서였다.

네베의 인디언 정책

대각성 시대의 근대적 사상이 유럽에 퍼짐에 따라 미션의 가부장주의는 자유와 평등이라는 개념 아래 비판을 받게 되었다. 늦은 세속화 과정도 인디언과 정착민과의 접촉을 막아 차별을 고착화시킨다고 비판을 받았다. 18세기 중엽에는 이미 멕시코 북부의 미션들은 이러한 비난에 직면해 있었다. 선교사들은 원주민들을 지나치게 미션에 의존시켜 그들이 스페인 제국의 생산적 시민이 되었을 때 필요한 자치 능력을 함양하는 데 실패하고 있다고 비난을 받았다.

네베(Felipe de Neve) 지사는 1777년에서 1782년까지 캘리포니아의 지사였다. 그는 인디언들에게 시민적 자유를 부여하고, 보다 자치적인 통치를 원했다. 그는 새롭게 미션 설립이 예정되고 있는 산타 바바라 지역의 미션에 대해서는 별도의 나름대로의 계획을 갖고 있었다. 선교사들의 업무는 영적인 일로 제한하고 인디언들의 육체적 관장은 군에 양도한다는 것이다. 또한 한 미션에 대해 한 명의 신부만을 두고, 기지에 가까운 미션의 경우 두 명의 신부를 두되 한 명은 군 신부의 책임만 맡는다는 것이었다.

또한 그는 통치자의 권한이 제한받더라도 인디언들에게 호민관으로써 역할을 할 수 있는 행정관을 임명하여 통치자 계급의 괴롭힘을 막을 수 있는 충분한 권한을 갖도록 하는 것이 필요하다고 생각했다. 이 사람은 원래 군 출신이나 그의 직업에 따른 편견에서 벗어나 있었으며 군의 권한은 적절한 감시가 없을 경우 비리에 빠질 수 있음을 잘 알고 있었다.

1782년 9월 7일 파게스에게 서면으로 남긴 지시에서 네베는 인디언과의 우정과 선의의 유지는 최고로 중요한 것이라고 쓰고 있다.

이를 얻기 위해서 선물을 주는 것과 규정을 위반한 스페인 과실자에 대해 처벌하는 것은 필요한 일이라고 쓰고 있다. 또한 10월 10일 산타 바바라 지역의 신임 사령관인 오르테가(Ortega)에게 남긴 명령서에 "인디언들이 새로운 정착촌 건설에 강제로 동원돼서는 안 되며, 그들의 마을에서 떠나거나 일하도록 강요되어서도 안 된다. 이는 친구를 적으로 만드는 행위다."라고 명시되어 있으며, 또한 "장래 미션은, 산타 바바라나 라푸리시마의 경우, 많은 인디언을 유지할 수 없으므로, 다른 미션같이 농장을 소유하지 않아야 한다. 또한 이곳 인디언에게 스페인의 법을 적용해서는 안 된다."는 등의 내용이 명시되어 있다.

네베는 또한 인디언들의 자치적 기구를 미션 관할 밖에 만들어 이를 훈련시키고자 하였다. 네베는 각 미션의 인디언들에게 간부(알칼디)와 부간부(Regidores - Alderman) 등을 자치적으로 뽑게 하기로 마음을 먹었다. 이것은 16세기 뉴 스페인의 여러 인디언 마을에 일반적으로 적용되던 것으로 네베는 이를 알타 캘리포니아에도 적용하기로 한 것이다.

사실 이 같은 제도가 인디언들의 '시민적 교화'로는 더 적절한 처사였을 것이다. 인디언들이 이러한 시민적 훈련을 일찍 체험했다면 훗날 세속화의 혼란을 견뎌내는 데 도움이 되었을 것이다. 네베의 규정은 1781년 공식적으로 승인이 났다. 그러나 신부들은 이들 다른 기관들이 알타 캘리포니아 미션에 선제적 영향력을 갖게 되지 않을까 매우 걱정하게 되었다. 네베의 정책은 미션의 권한을 약화시키는 것이었다. 세라를 비롯한 선교사들은 이 계획에 반대했다. 프란시스코 선교사들은 종속적 입장이 되느니 차라리 미션을 설립하지 않겠다고 결정했다. 산타 바바라 미션 설립이 허락되었을 때 6명의 신부들이 지원했다. 그러나 이 같은 네베의 정책을 알게 되었을 때 이들은 주저앉아 농성했고 또 상사들이 이를 허용했다. 프란시스코 수도회에서는 이에 대해 왕에게 청원했다. 이 같은 농성은 효과가 있었다. 왕은 이를 받아들여 네베의 정책을 환원했다. 이러한 네베의 구상은 당시의 시대적 환경에 비해 너무나 앞선 생각이었던 듯하다.

그러나 이 같은 네베의 정책은 산타 바바라 지역에서 이미 시행되고 있어서 신부들이 미션 설립을 위해 도착했을 때 매우 좋은 사례를 보여 주고 있었다. 군인은 어떤 구실로도 인디언 마을에 들어가서는 안 되었으며, 하사관의 경우 명령을 수행하기 위한 경우에만 출입할 수 있으며, 군인이 신부를 경호 목적으로 동행할 경우에만 들어갈 수 있었다. 이 규정을 위반한자는 반드시 처벌을 받았다. 인디언을 대하는 데 스페인인은 폭력을 사용해서는 안 되었다.

초기 수년 동안 인디언과 평화와 화합을 이루기 위한 네베의 이 같은 정책은 효과가 있어 당시 인디언 부족의 추장들은 다른 부족을 방문하거나 거기서 머물게 되면 이를 기지에 스스로 보고하였다. 그 결과 미션이 설립될 때까지 인디언들과 화목한 관계가 유지되었다.

네베는 1783년 내지 사령관으로 승진했고 파게스가 캘리포니아 지사직을 승계했다.

그해 12월 15일 파게스는 산타 마리아(Vincent de Santa Maria) 신부와 함께 몬테시토(Montecito) 지역을 살펴본 후 적지라는 보고를 올렸다. 네베는 파게스에게 산타 바바라 미션 설립을 재개하라고 승인하였다. 또한 프레시디오는 자급을 위해 1783년 4월 29일 스스로 밀을 심었다. 1786년 9월 12일 산타 바바라 미션이 설립되기 3개월 전, 아르게요(Jose Arguello)는 군은 자신들의 소, 양, 돼지, 당나귀 등을 보유하고 있다고 보고하고 있다.

7 추가 미션 설립

ALTA CALIFORNIA MISSIONS, *Presidios,* AND *Pueblos*

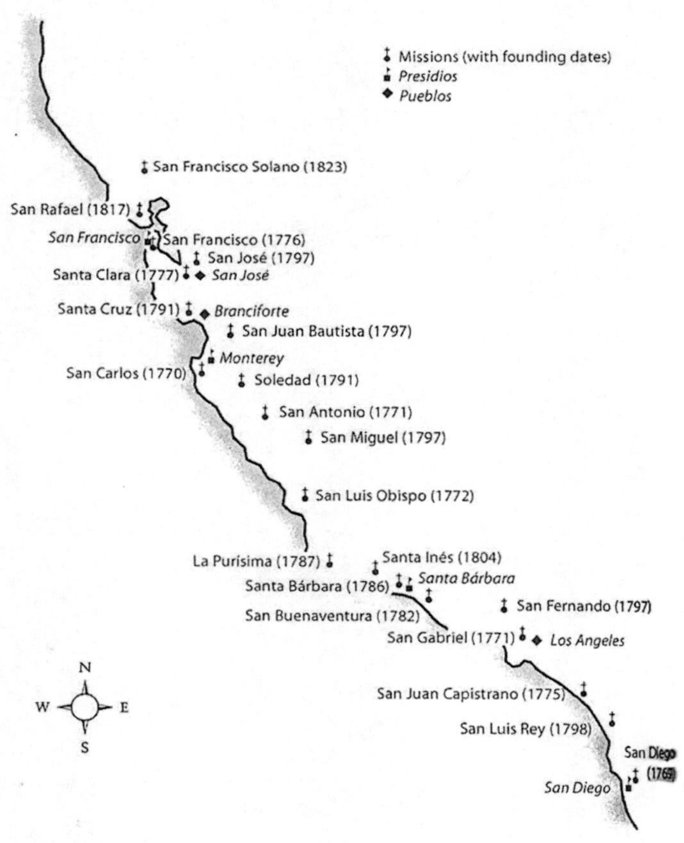

세라의 미션 설립

세라 신부가 캘리포니아에 도착하여 1769년 7월 16일 가장 먼저 설립 미사를 드린 곳이 샌디에이고 미션이었다. 이어서 몬테레이가 개척된 후에 1770년 6월 3일 두 번째로 카르멜 미션을 설립하였다. 그 후 이곳은 미션 체인의 회장인 세라 신부의 본부가 되었다. 그는 650마일에 뻗어있는 미션을 돌보느라 이곳에 오래 머물지는 않았지만 이곳은 그에게도 편안한 '집'이었다. 그는 성당에서 약 30미터 떨어진 자그마한 방에서 간이침대, 담요 한 장, 탁자와 의자, 서랍장 하나, 촛대 하나, 호리병 하나가 있는 검소한 방에서 살았다.

세라는 1771년 7월 14일 산 안토니오 데 파두아(San Antonio de Padua) 미션을 세 번째로 설립했다. 설립 당시 세라 신부는 종을 참나무 가지에 매달고 이를 울리면서 외치기 시작하였다. "이방인들이여 오시오! 오시오! 하느님의 거룩한 교회로 오시오! 오시오! 와서 그리스도의 믿음을 받으시오!" 하고 외치는 것이었다. 동료 신부 피에라스(Pieras)는 곁에 있다가 그의 정열적인 외침에 놀라서 주위에 듣는 인디언이 전혀 없음을 상기시키며 만류하였다. 그러자 세라 신부는 "내 마음의 소망에 숨 쉴 구멍을 주자는 것이다."라며, "나는 이 종소리가 전 세계에 울리기를 원하며, 최소한 이곳 시에라(캘리포니아 주의 산악지대)에 사는 모든 이교도들이 듣기를 소망한다."라고 대답하였다 한다.

1771년 9월 8일에는 산 가브리엘(San Gabriel) 미션을 네 번째로 설립하였다. 샌디에이고 기지 사령관은 신부들을 보호할 목적으로 군인들을 보냈다. 그런데 이 군인들이 인디언 여인을 겁탈하여 산 가브리엘에서는 일찍 인디언들의 봉기가 일어났다. 결과적으로 산 가브리엘에서는 수년 동안 개종자가 없었으며, 미션 자체가 항시 공격의 위험 속에 있었다. 그러나 이 군인이 어떤 잘못을 저질렀는지 당시 신부들은 몰랐다.

1772년 9월 1일 다섯 번째로 산 루이스오비스포 미션을 설립하였다. 1769년 포르톨라가 몬테레이 탐험을 끝내고 거의 기아상태로 샌디에이고로 돌아갈 때 이곳에서 많은 곰을 발견하게 되었다. 배가 고팠던 이들은 여기서 곰으로 포식을 할 수 있었다. 그들은 이곳을 곰의 계곡(La Canada de los Osos)이라 이름 지었다.

그 후 1772년 다시 기근이 들었을 때 기지에서는 이곳에 사냥을 위한 분견대를 파견하였다. 이들은 이곳에 3개월간 머물면서 사냥을 했다. 이들은 기록적인 사냥으로 9,000파운드의 절인 곰고기를 기지로 보냈으며 그밖에도 현지의 우호적인 인디언들과 교환한 먹을 수 있는 씨앗을 25달구지 분량을 기지로 보내왔다. 카르멜 미션과 산 안토니오 미션은 이것으로 기근을 면할 수 있었다. 1772년 세라는 이곳에서 나뭇가지로 만든 움막에서 미사를 드리고 이곳을 톨로사의 주교 산 루이스 미션이라고 이름을 지었다. 이 미션의 공식 명칭은 '산 루이스 오비스포 데 톨로사(San Luis Obispo de

Tolosa)'이다.

여섯 번째로 설립된 미션은 샌프란시스코 미션이었다. 포르톨라의 개척단이 몬테레이를 찾지 못하고 헤맬 때 우연히 발견하게 된 곳이 샌프란시스코 만이었다. 그 당시는 개척단이나 그 보고를 받는 본부에서나 그 누구도 이곳의 중요성을 인식하지 못하고 있었다. 그 후 샌프란시스코의 정착지로서나 요새로서의 중요성이 재인식되어 프레시디오의 설치가 결정되었다. 1776년 6월 17일 모라가(Jose Joaquin Moraga) 중위가 팔루(Palou) 및 캄본(Cambon) 신부와 함께 정착민과 가축을 거느리고 샌프란시스코에 도착했다. 흔히 미션 돌로레스(Mission Dolores, Mission San Francisco de Asis)라고 부르는 이 미션은 10월 9일 헌정되었다.

산 후안 카피스트라노 미션은 7번째 미션이다. 이 미션은 두 번 설립되었다. 첫 번은 세라 신부의 명에 따라 라수엔 신부(Fermin Francisco de Lasuen)가 11명의 군인과 함께 이 계곡에 미션을 설립했다. 이 장소가 선택된 이유는 샌디에이고 미션과 산 가브리엘 미션의 중간지점이기 때문이다.

1775년 10월 30일 이곳에 큰 십자가를 세우고 대지를 축성한 후 왕의 이름으로 소유권을 선언했다. 라수엔 신부는 첫 미사를 봉헌하였다. 많은 인디언들이 이 의식을 구경하고 또 성당과 거주 건물을 지을 목재를 운반하는 데 스스로 도와주었다. 이 작업은 8일간 계속되었다. 그때 샌디에이고 미션에서 인디언들의 습격이 있었다는 소식이 전해졌다. 미션설립 팀은 그들이 가지고 왔던 종을 급히 땅에 묻고 서둘러 샌디에이고 요새로 철수하였다.

1년 후 세라 신부가 직접 설립팀을 이끌었다. 그는 1776년 10월 31일 두 명의 신부와 군인들을 거느리고 도착하였다. 그들은 십자가가 그대로 있는 것을 발견하고 종을 꺼내 인디언들을 소집하였다. 1776년 11월 1일 세라 신부는 이 두 번째 설립에서 신의 은총을 기원하였다.

1777년 1월 12일 대단히 비옥하고 아름다운 밸리에 산타클라라 미션이 8번째로 설립되었는데 이 밸리는 지금도 산타클라라 밸리로 불리고 있다. 페나(Tomas de la Pena) 신부가 미사를 집전하였고 그 해가 다 가기 전에 바로 이곳에서 산 호세 푸에블로(El Pueblo de San Jose de Guadalupe)가 설립되었는데 이것은 캘리포니아에서 첫 번 푸에블로(Pueblo)의 설립이었다.

세라가 설립한 미션 중 마지막은 9번째 산 부에나벤추라 미션이다. 이는 1768년 세라와 갈베즈가 카르멜 미션 설립 이전에 이미 계획했던 것으로 1771년 이후 신부들을 보내 가능성을 점검했었다. 그러나 1782년 파게스 지사가 승인하고서야 설립되었다. 그해 3월 31일 부활절에 세라 회장은 미션을 부에나벤추라 성인에게 헌정하였다.

해협 지역의 미션의 설립

1777년 네베(Felipe de Neve)는 그 주재지를 로레토(Loreto)에서 몬테레이로 이동할 것을 명받았다. 그는 이 이동을 길고 힘든 육로를 통해 함으로써 이곳의 실상을 파악하도록 명받았다. 몬테레이에 도착한 네베는 세라의 주장에 동감했다. 네베는 해협지역(지금의 산타 바바라지역)에 기지를 설치하고 세 개의 미션을 설립할 것을 1777년 6월 3일 공식적으로 상신했다. 하나는 아숨프타(Asumpta) 산 부에나벤추라에, 또 하나는 포인트 콘셉션(Point Conception) 부근에, 세 번째는 그 중앙에 설치하려는 계획이었다.

뉴 스페인 총독 크로익스(Teodoro de Croix)는 1780년 2월 3일 이 계획을 승인했다. 리베라(Fernando Rivera)가 서부 멕시코에서 군인과 정착민을 차출할 책임을 맡았다. 이들 개척자들은 1781년 산 가브리엘 미션에서 합류하였다. 세라도 1782년 산 가브리엘에 도착하였다. 일행은 드디어 그해 3월 26일 해협을 향하여 출발하였다.

1782년 3월 31일 부에나벤추라(San Buenaventura) 미션을 설립하고 세라는 네베, 오르테가(Jose Francisco Ortega) 등 군인과 정착민들과 함께 4월 15일 해협으로 출발하여 슈투(Siujtu, 지금의 산타 바바라 지역)에 같은 날 도착하였다. 네베는 그 지역 추장인 야누날리(Yanunali)를 설득하여 그곳에 기지를 설치하는데 동의를 얻었다. 4월 21일 세라는 그 땅을 축성하고 미사를 집전하였다. 네베는 오르테가(Ortega) 중위를 그 정착지 사령관으로 임명하였다.

당초 몬테레이에서는 기지와 미션이 동시에 설립되었었다. 또한 팔루 신부의 기록에 따르면 당초 네베는 세라에게 산 부엔나벤투라와 산타 바바라 두 미션을 담당할 선교사를 요청하였었다. 또한 세라는 산타 바바라를 자신의 주재지로 삼으려 하였다. 그러나 네베는 기지가 완성될 때까지 미션 설립을 보류할 것을 요청하였다. 결국 기지는 창설되고 미션 설립은 보류되게 되었다. 세라는 1784년 그가 죽기까지 9개의 미션을 세웠다. 그러나 그가 바라고 바라던 산타 바바라 미션의 설립은 보지 못하고 죽었다.

라수엔 신부의 미션 설립

실제로 산타바바라 미션이 설립될 수 있었던 것은 1786년이었다. 라수엔 신부는 12월 16일 산타 바바라 미션을 10번째 미션으로 설립하였다. 산타 바바라 미션의 경우는 세속화 전 과정을 통해서도 프란시스코 수도회의 관할 하에 있었으며 활동을 멈춘 적이 없다. 미션 시대가 지난 지금도 태평양 연안의 프란시스코 수도회의 구심점으로서의 역할을 훌륭히 수행하고 있다. 이 미션은 지금도 프란시스코 수도회 소유이다.

산타 바바라 미션 설립 후 만 1년만인 1787년 12월 8일에 라 푸리시마 미션이 11번째 미션으로 설립되었다. 이 미션의 위치는 산 루이스 오비스포와 산타바바라의 중간 위치이다. 설립자 라수엔 신부가 설립 당시 이 미션에 부여한 공식 명칭은 '가장 순결한 마리아의 흠없으신 수태(La Purisima Concepcion de Maria Santisima)'이다. 선정된 위치는 비옥하고 기름진 계곡에 위치했다.

세속화 이후 이 미션은 폐허가 되다시피 했다. 계속 쓰러져가는 미션의 잔해는 1930년대에 국립 공원국(National Park Service)과 CCC에 의해 구조되었다. 현재 이 미션은 가장 완벽히 복원된 미션 중 하나이다(19장 미션의 복원 참조).

라수엔 신부는 1791년 8월 29일 산타크루즈 미션을 12번째 미션으로 설립하였다. 라수엔이 선정한 미션의 위치는 캘리포니아 미션 중에 가장 아름다운 곳이었다. 더욱이 토양이 좋고, 기후가 온화하고, 원주민 인디언들이 우호적이었다. 원래 이 미션의 위치는 산 로렌조(San Lorenzo) 강을 내려다보는 언덕이었다. 그러나 불행히도 이 미션은 성공하지도 못했고, 크게 성장하지도 못했다.

라수엔 신부가 1791년 10월 9일 13번째로 설립한 미션은 솔리다드(Soledad)였다. 1769년 포르톨라와 크레스피 신부 등 개척팀 일행은 지금의 솔리다드 미션 부근에서 하룻밤을 지내게 되었다. 그들은 몬테레이를 찾아가고 있는 중이었다. 몇몇 인디언이 접근하여 크레스피 신부가 말을 시도했으나 알아들을 수가 없었다. 그저 무언가 하는 말이 '솔리다드'라고 들렸을 뿐이다. 2년 후 세라 신부가 안토니오 미션을 설립하고 돌아가는 길에 이곳에서 동행한 개종 인디언들과 함께 이곳 원주민 여자와 대화를 시도했는데 이때에도 '솔리다드' 비슷한 말을 하는 것 아닌가! 이 말은 스페인 말로 외로움을 뜻하는 말이었는데 이는 이 뜨겁고, 나무도 없고, 바람 부는 이곳에 적절한 말 같아 그 후로 이곳의 지명이 되었다.

22년 이후 1791년 라수엔 신부가 이곳에 미션을 설립할 때 그 이름을 '미션 누에스트라 세뇨라 데 라 솔리다드(Mission Nuestra Senora de la Soledad)'라고 지은 것은 너무 당연한 것이었다. 이곳과 같이 외진 곳이 미션의 터로 선정된 것은 산 안토니오 미션과 몬테레이의 카르멜 미션이 거의 100마일 거리였기 때문에 이곳을 여행하는 사람들의 편의를 돕기 위해서였다.

프란시스코 파드레들은 오랫동안 미션간의 거리가 말을 타고 하루거리가 될 것을 희망해 왔다. 캘리포니아 미션 회장 라수엔 신부는 이제 이러한 체인을 완성할 때가 되었다고 생각하였다. 그는 지사와 상의했고 지사는 즉시 그 필요성에 동감하였다. 라수엔 신부와 보리카 지사는 함께 멕시코시티의 총독에게 5개의 미션을 추가로 설립하는 것을 허가해 달라고 요청하였다. 이들은 이 사업을 위해 총독부의 자금지원이 전혀 필요 없음도 명시하였다. 오히려 정부에서는 미션 간의 왕래에 호위의 필요성이 줄어듦으로 경비를 절약할 수 있을 것임을 상기시켰다. 총독은 이를 승인했다. 라수엔은 1797년 6월과 1798년 6월 사이에는 다섯 개의 미션을 설립할 수 있었다.

1797년 6월 11일 산 호세 미션을 14번째 미션으로 설립하였다. 산 호세 미션은 내륙의 인디언 부족에 면하는 최전방 미션으로 비교적 인디언들과의 충돌이 잦았던 미션이다. 미션 돌로레스(샌프란시스코)에서 도망친 인디언들이 이곳의 동족들에게 숨어살았으며, 이는 샌프란시스코 프레시디오의 골칫거리였다. 미션 전 기간을 통하여 이 미션은 호전적 인디언에 대한 토벌기지로 활용되었다.

라수엔 신부는 1797년 6월 24일 산 후안 보티스타 미션을 캘리포니아의 15번째 미션으로 설립하였다.

라수엔 신부는 산 후안 보티스타 미션을 설립하고 내려가는 길에 산 미구엘 미션을 1797년 7월 25일 16번째 미션으로 설립하였다. 산 미구엘 미션의 설립 동기 중 중요한 것은 이 미션은 인디언들의 요청에 의해 설립되었다는 점이다. 이곳의 원주민들은 인근에 있는 산 안토니오 미션이 농업이 개량되고 교육의 기회가 부여되는 등 많은 혜택을 받는 것을 부러워하여 미션의 설립을 요청하기에 이른 것이다.

1797년 9월 8일 라수엔 신부는 산 페르난도 미션을 17번째 미션으로 설립하였다. 이 미션은 스페인의 페르난도 국왕(San Ferdinando Rey de Espana)에게 헌정되었다. 이 미션에는 미국의 연예인 밥호프(Bob Hope)를 추모하는 정원이 있다. 또한 교황 요한 바오로 2세가 1987년 9월 16일 이 미션을 방문하였다. 교황은 묘지에 들러 1797년에서 1840년 사이에 거의 1,200명의 인디언이 매장되어 있는 무덤에 축복하였다.

라수엔 신부가 마지막 설립한 미션은 1798년 6월 13일 세워진 산 루이스 레이(San Luis Rey de Francia) 미션이다. 라수엔 신부는 이 지역에 인디언이 많았기 때문에 이곳을 선정했다. 또한 그는 이곳의 인디언들의 순박한 성품을 좋아했다. 산 루이스 레이는 남북미 대륙을 통틀어 가장 크고 인디언이 많은 미션이었다. 따라서 이 미션은 'King of the Missions'라고 불릴 만큼 명성이 높았다. 이 미션의 성장, 아름다움, 풍부함 등은 페이리(Antonio Peyri) 신부의 인품과 정력에 힘입은바 크다. 그는 이 미션의 설립 당시부터 세속화 때까지 36년을 이곳에 근무했다.

그러나 미션에서의 마지막 6년간은 그에게는 시련의 연속이었다. 그는 멕시코 정부의 정책과 미션의 이상과의 충돌을 직시할 수밖에 없었고, 이는 종국에 그가 평생을 바쳐 일해 온 미션이 파멸로 이어질 수밖에 없다는 것을 알게 되고 또한 그는 자신의 노력이 아무 쓸모없음을 깨닫고 슬퍼할 수밖에 없었다. 그는 기도 중에 힘을 얻어 어려운 결정을 하게 되었다. 인디언들을 뒤로 한 채 미션을 떠나 멕시코시티로 가서, 아니면 로마까지 가서라도 미션에 대한 도움과 지원을 요청해 보기로 한 것이다.

그는 전출을 지원했고 스페인으로 돌아갈 것을 원했다. 그의 요청은 재가되었다. 그는 인디언들과 슬픈 작별을 피하고자 샌디에이고 항에 정박 중인 포카혼타스(Pocahontas) 호에 연락을 하여 1832년 어느 날 한밤중에 어두운 옷을 입고 비밀리에 출발을 하였다. 이 배는 1832년 1월 17일 출항 예정이었다.

이튿날 신부가 없어진 것을 발견한 인디언들은 500여 명이 말을 달려 샌디에이고로 쫓아갔다. 그들이 샌디에이고에 도착했을 때는 이미 페이리 신부가 탄 배는 항구를 빠져 나가고 있었다. 페이리 신부는 선미에 서서 해변에 무릎을 꿇고 그를 향하여 눈물을 흘리고 있는 인디언들을 향하여 축복하였다. 인디언들은 그가 떠난 후에도 수년 동안 페이리 신부가 무사히 돌아올 것을 기도했다 한다.

멕시코시티에서 그는 미션의 정당성과 인디언 개종자들에 대한 대책을 관계자들에게 호소했다. 여기서 실패하자 그는 마지막 노력으로 스페인과 로마로 항해하였다. 결국 그는 말년을 스페인 프란시스코 수도원에서 보냈다.

페이리 신부가 떠날 때 아마믹스(Agapitus Amamix)와 타크(Pablo Tac)라는 두 명의 인디언 소년에게 사제 공부를 시킬 예정으로 대동하고 떠났다. 두 사람 모두 1834년 9월 23일 이탈리아에 있는 프로파간다 피데(Propoganda Fide)대학에 입학하였다. 아가피투스는 거기서 1837년 9월 26일 죽었다. 그러나 파블로 타크는 문법, 인류학, 수사학, 철학 등에서 빠른 진전을 보였다. 유명한 언어학자인 메쪼판티(Mezzofanti) 추기경의 지도 아래 그는 루이세뇨 언어의 문법에 대해 책을 쓰고 시도 몇 편 쓰고, 또한 그들의 풍습과 또 프란시스코 신부들과의 첫 만남 등에 관하여 썼다. 1841년 12월 13일 그가 죽을 때 그는 자신의 인디언 언어에 대해 사전을 쓰고 있었다. 파블로 타크의 친척은 아직도 팔라에 살고 있으며 페이리 신부를 따라 스페인과 로마로 간 이 믿음의 소년들에 대해 아직도 애기한다고 한다.

프랑스 사람 두플로트(M. Eugene Duflot de Mofras)가 1842년 1월 산 루이스 레이 미션을 방문하여 두 명의 인디언 추장과 인터뷰를 가진 기록을 보자.

첫 번째 추장이 말하기를
"선장님, 당신은 스페인에서 왔다는데 임금님을 뵌 적이 있습니까?"
"예."
"그러면 당신은 안토니오 신부님(페이리 신부)을 뵌 적이 있습니까?"
"아니오, 그는 바르셀로나에 있다고 들었습니다."
그러자 다른 추장이 말하기를
"사람들은 그가 죽었다고 하던데…."
그러자 첫 번째 추장이 돌아보며 믿을 수 없다는 듯이 다음과 같이 말했다.
"아니오, 파드레는 죽지 않습니다."

1800년 이후 설립된 미션들

라수엔 신부는 1803년 죽었다. 타피스(Estevan Tapis) 신부는 라수엔 신부를 이어 미션의 4대 회장으로 선임되었다. 그는 1804년 9월 17일 산타 이네즈(Santa Inez) 미션을 설립하였다. 이는 라푸리시마와 산타 바바라 미션 사이의 거리가 40마일을 넘었기 때문에 이 미션이 있어야 샌디에이고에서 몬테레이까지의 미션의 체인이 완성되는 것으로 이미 라수엔 신부도 지시했던 것이었다. 이것이 19번째 미션이다.

산 라파엘(San Rafael) 미션은 20번째 미션으로 1817년 12월 17일 샌프란시스코와 러시안 항구 포트 로스(Fort Ross) 사이에 설립되었다. 1817년 샌프란시스코에 큰 역병이 돌아 많은 인디언의 희생이 불가피했다. 이에 솔라(Sola) 중위는 와병 중인 인디언들을 샌프란시스코 만 건너 편 일기가 좀 온화한 곳으로 이전할 것을 제의해 샌프란시스코 북쪽에 타말파이스(Tamalpais) 산 기슭지역에 인디언들의 요양소를 지은 것이다. 그러므로 처음에는 공소로 지었다. 또한 하느님의 치유를 기원하여 이름도 산 라파엘(San Rafael)이라 지은 것이다.

21번째 마지막 미션, 솔라노 미션은 1823년 7월 4일 산 라파엘 미션보다 더 북쪽에 설립되었다. 솔라노 미션의 설립은 계획에 의한 것이 아니라 성급하고 공명심이 많은 한 젊은 신부의 야심차고 웅대한 계획과 기존의 두 미션을 경계하고 새로운 미션을 세우려는 지사의 야심과 프란시스코 수도회간의 타협의 결과였다.

엘 카미노 레알

엘 카미노 레알(El Camino Real)이란 '왕의 공로(Royal Highway)'란 뜻으로 여행자가 샌디에이고로부터 샌프란시스코까지 스페인 왕의 보호 아래 캘리포니아를 안전하게 여행할 수 있다는 의미로 붙여진 이름이다. 실제로 라수엔 신부는 샌디에이고로부터 샌프란시스코까지 미션에서 다음 미션까지의 거리를 하루 여행거리 간격으로 연결하였다. 또한 이 길을 따라 여행하는 사람은 그 주변의 인디언들이 거의 기독교로 개종한 인디언들로서 위험을 느끼지 않았으며, 항상 다음날 저녁이면 다음 미션에서 따뜻한 대접을 기대할 수 있었다. 미국에서는 동부의 지극히 국한된 지역을 제외하고는 이 같은 안전하고 편안한 여행이 보장되는 곳은 그 후에도 오랫동안 캘리포니아를 제외하고는 없었다.

오늘날도 이 엘카미노 리엘은 여전히 캘리포니아를 남북으로 관통하며 그 옛날의 여행객을 환영하던 미션의 종을 상징하는 굽은 종각으로 표시되어 묵묵히 지나간 역사를 증언하고 있다.

1791년 카르멜 미션을 방문했던 말라스피나 선장은 캘리포니아

전역에서 여행자나 선교사들이 신변에 위협을 느끼지 않고 여행할 수 있다는 것에 놀랐다. 그는 스페인인들이 이곳에 도착하여 피도 흘리지 않고 이곳의 원주민들이 그동안 서로 전투로 살상해온 역사를 종식시키고 거룩한 종교와 함께 하는 사회를 이룩할 수 있었던 점, 또한 안전하고 건강한 양식도 함께 확보할 수 있었다는 점에 경탄하여 마지않았다.

8 파드레들의 사목 활동

파드레들의 헌신적 봉사

프란시스코 수도회의 신부들은 캘리포니아 인디언들에게 선교하기 위해 혼신의 힘을 기울였다. 선교뿐 아니라 이들 인디언들의 건강하고 풍족한 생활을 위해 그들은 모든 것을 바쳤다. 당시는 유럽에서도 문맹자가 많을 시대에 이 파드레들은 당시로서는 유럽 최고 수준의 교육을 받은 사람들이었다. 또한 당시 스페인에서의 교회의 위치를 생각할 때 이들은 얼마든지 안락한 삶이 가능했던 사람들이었다. 그럼에도 불구하고 이들은 오직 이 미개인들의 영혼을 살리고 그들을 문명화된 삶으로 인도하겠다는 일념으로 안락한 삶을 스스로 버리고 바다를 건너 다시는 고향에 돌아가지도 못하는 이 먼 곳까지 왔다. 그리고 이곳 인디언들과 별로 다를 바 없는 곤궁한 삶을 마다하지 않고 살다가 기꺼이 목숨을 바친 것이다. 미션에서 신부가 살해된 경우가 있음에도 불구하고 이 파드레들의 집은 밤에도 잠기는 일이 없었다.

파드레들은 원주민을 잃어버린 영혼으로 하느님의 구원의 역사가 필요하다고 보았다. 파드레들의 기본적 목적은 교육을 통하여 원주민들을 기독교인으로 개종시키는 것이며 또한 스페인의 시민을 만드는 것이었다. 파드레들은 이를 위해 미션을 설치 운영하고자 하는 것으로 근검한 생활과 약간의 생활필수품만으로 만족하며 살아가는 것이다.

미션에는 3개의 장부가 있었다. 세례, 혼인, 장례 대장이 그것이다. 대부분의 미션은 그 기록이 온전히 훌륭한 상태로 남아있다. 세례 시에는 대부 대모가 있어야 했으며, 또 기독교 성인의 이름이 세례명으로 주어졌다. 장례 장부의 기록은 망자의 크리스천 이름, 이교도 이름, 부모 이름, 결혼 여부, 남편 혹은 아내 이름, 어른인지 아이인지 여부, 경우에 따라서는 추장, 간부(Alcalde)등 인디언의 직업, 사망 장소, 매장 장소와 날짜, 개인의 출신, 마지막으로 임종 전에 받은 성사 등이 기록되었다. 출신 마을에 매장되는 인디언들도 있었으며, 이런 경우도 상세히 대장에 기록되었다.

파드레들은 소로 농사를 짓는 방법을 인디언들에게 교육하였으며, 아도비, 기와 등 건축자재 만들기, 목수 보조 등의 일을 인디언들에게 가르쳤다. 캘리포니아에 있는 21개의 미션은 모두 전성기에는 소, 양, 말 등 가축만 한 미션에 수만 마리에 이를 정도로 부유해질 수 있었다. 인디언들은 적은 노동으로도 당시의 유럽인들보다 훨씬 잘 먹을 수 있었다.

캘리포니아 미션을 건설하는 데는 54년의 세월이 걸렸다. 이 기간동안 미션은 이교도 인디언의 공격, 질병, 기아와 싸워야 했다. 지진과 화재가 또한 지속적으로 미션을 파괴했고 번번이 이를 다시 지어야만 했다. 세라 신부와 또 그 뒤를 이은 사제들은 조용히 이를 극복했다. 세속화 당시 캘리포니아 21개 미션에는 31,000명의 개종 인디언들과 300명의 호위병과 60명의 파드레들이 평화롭게 살고 있었다. 파드레들이 그 맡은 바를 성실히 잘 수행하지 못했다면 군인과 그 보조는 아무것도 아니었을 것이다. 원주민이 대규모 반란을 일으키지 않았던 것은 파드레들이 유럽 문화의 기초를 그들에게 성공적으로 잘 가르쳤기 때문이었다. 미션의 임무를 받은 프란시스코 신부들은 아씨씨의 성인, 가난한 자의 성인 프란시스코 성인을 본받아 미션이 비록 물질적으로 풍족하게 되더라도 이에서 일체의 이득을 취하는 일이 없었다. 그들은 인디언들을 돕고자 할 뿐 그들 자신을 위하여는 최소한의 이익도 구하지 않았다. 파드레들은 자신들의 안락함에 지나치게 엄격하여 그들의 숙소에는 벽난로도 없었다. 파드레들은 추위와 더위, 굶주림과 병, 이교도 부족들의 해코지, 조직 내의 거부반응, 태풍, 몰아치는 비, 음식 등 모든 어려움을 겪어냈다.

미션을 연구한 저명한 학자인 엥겔하트(Engelhardt) 신부는 "캘리포니아에 온 이 수도사들은 복음의 전달자로 기억되어야 한다. 그들은 농부도, 기계공도, 양축업자도 아니었다. 이들은 오직 이 야만인들의 영혼을 구하기 위하여 그들로서는 거부할 수도 있었던 일, 즉 거대한 농장을 돌보고, 상거래를 가르치고 또 감독하며, 여러 가지 가축을 돌보며, 또한 이것의 수지 타산을 맞추는 일을 기꺼이 받아들였다."라고 말하고 있다.

1784년부터 18세기 말까지 미션에는 많은 방문객이 있었다. 우리는 이들의 보고를 통해서도 당시 미션의 활동을 추적할 수 있다. 첫 방문자는 프랑스 정부에서 파견된 페루즈(Jean Francis Galoup de la Perouse)이었다. 그는 남미를 거쳐 태평양 해안을 거쳐 몬테레이에 1786년 9월 18일에 도착하였다. 이 프랑스인 항해사는 선교사들과 이들을 지구 반대편에서 지원하는 스페인 정부에 대해 이 같이 극찬했다. "거기에는 인디언들의 개종과 교화 이외에는 얻는 것이 없었으며, 하느님 밖에는 보상해주실 분이 없었다."며 "이는 잔인하고 이기적으로 자국의 이익만을 추구하는 다른 나라들과 비교했을 때 아주 고귀한 것이었다."라고 기록하고 있다. 페루즈는 선교사들에 대한 칭찬에도 불구하고 그 노력에 대해 회의적이었다. "(사후에) 그 보상을 약속하는 종교에 대한 열정만이 이곳에서의 선교 생활에 수반될 수밖에 없는 희생, 싫증, 피로, 위험 등에 대한 보상이었다."라고 쓰고 있다. 또 다른 동행자는 "선교에 대한 정열이 몇 개의 미션을 이미 만들었다. 그러나 이 지방의 중요성이 별로 없어 이곳에 신앙심 깊은 선교사를 파견한다는 것은 개인적으로는 생각하기 어렵다."라고 쓰고 있다.

후니페로 세라

이 결단의 사제그룹의 리더는 후니페로 세라 신부였다. 그 이름은 그 이후 캘리포니아 역사의 개척자와 동일어가 되었다. 그는 5피트 2인치의 작은 키에 특별히 강건한 사람도 아니며 멕시코에서의 초기 부상으로 인해 절룩거리는 사람이었다. 그럼에도 불구하고 당시로서는 고령인 55세의 나이에도 불구하고 알타 캘리포니아에서의 미션 건설의 임무를 기꺼이 받아들였다.

세라 신부는 1713년 11월 24일 스페인 마요르카(Mallorca) 섬의 페트라(Petra)라는 곳에서 호세 미구엘 세라(Jose Miguel Serra)라는 이름으로 태어났다. 16세에 프란시스코 수도회에 들어가 후니페로(Junipero)라는 이름을 채택했다. 세라는 신학 박사 학위를 얻어 그곳 루얀(Lullian) 신학 대학에서 15년간 교수 생활을 했다.

그는 1749년 36살의 나이에 그의 제자이자 친구였던 팔루 신부와 함께 신대륙으로 떠났다. 마요르카에서 신세계로 떠나면서 그 부모에게 편지를 쓰기를 "이 순간 내 가슴이 얼마나 희열에 차 있는지 아신다면 제게 '어서 떠나거라 다시는 돌아올 생각일랑 하지 말고' 하고 말씀하실 것입니다."라고 쓰고 있다. 정말 그는 다시는 돌아가지 않았다. 그는 1749년 12월 18일 미 대륙에 도착하여 멕시코시티에 있는 산 페르난도(San Fernando)대학에 정착하였다.

이즈음 멕시코시티의 상류층의 과시적 사치와 토착인들의 버려진 삶의 대비가 세라로 하여금 그 상황의 부조리를 개탄하도록 움직였다. 최근의 세라 전기 작가, 프란시스코 수도회의 킹(Kenneth M. King) 신부는 "마치 제롬과 같이 세라는 한 손으로 십자가를 높이 들고 또 한 손으로는 돌로 가슴을 치며 회개할 것을 외쳤다. 가슴의 살이 타 그 냄새로 신도들에게 경종을 울릴 때까지 횃불을 가슴에 대고 있어 지옥의 고통을 보여주었다. 그의 타오르는 열정은 부유한 자나 가난한 자 모두에게 거부할 수 없는 호소력을 보여주었다. 지성인들은 그의 대학 시절에 형성된 그의 지식과 학식에 매료되었고, 부유한 자들은 그가 보여준 성실함에 압도되었고, 인디언들은 고통에 굴하지 않는 그의 능력을 찬탄하였는데, 이러한 극기는 그들 사이에서 가장 칭송받는 덕목으로 간주되었기 때문이었다."라고 말하고 있다.

1768년 그는 바하 캘리포니아의 미션을 책임질 프란시스코 수도회의 책임자(Superior of the Franciscans)로 임명되었다. 그러나 곧 그는 다시 알타 캘리포니아 개척의 책임을 지고 개척팀과 동행하여 알타 캘리포니아로 떠났다. 그는 샌디에이고에 도착하여 1769년 7월 16일 첫 번째 미션 샌디에이고 데 알칼라(San Diego de Alcala)를 설립하고 이어서 다른 8개의 미션을 설립하였다.

캘리포니아에서의 미션의 설립과 확장은 오직 세라 신부의 강인하고 두드러진 개성에 의존한 바 크다. 캘리포니아 미션의 설립자이자 회장으로서 미션을 확장하려는 그의 욕망은 아무도 막을 수 없었다. 미션의 기록을 보면 세례로 구원받은 인디언 영혼의 수를 모두 기록하였으며, 더 많은 인디언을 구원하려는 그를 방해하는 자는 지사든 누구든 그의 모든 역량을 동원하여 싸웠다. 고통과 죽음을 두려워하지 않는, 오히려 순교의 가능성을 반기는, 그의 투지와 열정은 현실에서의 성패로 주눅이 들고 마는 다른 수도자들에게 좋은 본보기가 되었다.

몬시뇨 쿨튼(James Culleton)은 그의 저서 'Indians and Pioneers of Old Monterey'에서 세라에 대해 기록하기를 "의지가 강하고, 집요하고, 논리적이며, 박식하고, 신앙심 깊고, 또한 끈질긴 일꾼이었다."라고 기술하고 있다.

또한 세라 신부는 끝없는 사랑으로서 선교에 임했다. 1775년 샌디에이고 미션에서 반란이 일어나 하이메(Luis Jayme) 신부가 살해되었다. 이것은 물론 세라 신부에게도 가슴 아픈 일이었으나 세라 신부는 이것을 신의 섭리로 받아들였다. 세라는 이 순교자의 피가 땅을 적심으로 이교도들의 개종이 약속되었다고 생각했다. 경비대가 이 반란의 주모자를 처벌하고자 할 때 그는 끝까지 사면을 주장하였다. 경비대가 이에 응하지 않자 그는 경비 대장의 파문까지 위협하며 이를 관철시켰다.

1778년 세라는 견진 성사를 베풀 수 있는 자격을 부여하는 서류를 받았다. 사실 이것은 원래 1774년에 교황의 승인이 있었으나 국왕과 위원회에서 이를 승인하고 또 본인에게 전달하는데 4년이 걸린 것이다. 이 소식은 7월 17일 세라에게 전달되었다.

세라는 미션회장으로 있는 동안 6,000명의 인디언들에게 세례를 주었으며 5,000명에게 견진을 주었다.

세라 신부에게는 육체적 고통쯤은 아무것도 아니었다. 그는 늘 다리의 궤양으로 고통을 받았으나 이를 개의치 않았다. 또한 그는 가슴의 심각한 통증으로 고통을 받았다. 이런 일화가 있다. 팔루(Palou) 신부의 기록에 따르면 세라는 어느 날 기도 후에 나귀 꾼을 불러 "자네는 이 다리의 궤양에 대한 치료법을 아나?"하고 물었다. 이 나귀 꾼은 "신부님, 나는 의사도 아니고 그저 나귀 꾼일 뿐입니다. 내가 치료한다는 것은 오직 굴레에 의한 나귀의 상처를 치료하는 것뿐입니다."라고 대답하였다. 세라는 "그러면 나를 짐승이라 생각하고, 이 궤양을 굴레 상처라 생각하고, 동물에게 치료하는 약을 내게도 똑같이 해 주게."하고 부탁을 하였다. 사람들은 이 말을 듣고 웃었다. 그러나 나귀 꾼은 순종하였다. 그는 어떤 약초에다가 수지를 섞어 이를 궤양을 앓고 있는 다리에 발랐다. 이것은 놀라운 효력을 발해서 세라는 그날 아주 잘 잤고 다음날 아침 다시 길을 가는 데 지장이 없을 만큼 호전되었다.

세라의 최후

1781년 11월 세라와 크레스피 신부는 산타클라라 미션의 새 교회의 기공식에 참여했는데 그 후 6주가 안되어 크레스피 신부는 죽었다. 제자이자 동료였으며 평생의 반려자였던 크레스피 신부의 죽음은 세라에게는 큰 충격이었다. 그는 카르멜 미션의 새 성당에 묻혔다.

세라 신부는 1784년 자신이 설립한 미션들을 마지막으로 돌아보았다. 킹(King) 신부는 그의 'Mission to Paradise'라는 저서에서 세라의 귀환을 이렇게 기록하고 있다.

"세라가 돌아오자 많은 사람들이 마중을 나갔고 새로 단장한 침실로 그를 안내했다. 그러자 그는 감사의 미소를 지으면서 간단히 '나는 집에서 죽으려고 돌아왔습니다.'라고 말했다." 그는 그의 마지막 날들을 함께 보내고자 평생의 친구이자 동지였던 팔루 신부를 불렀다. 팔루는 파게스(Fages) 지사가 결국 산타 바바라(Santa Barbara)에 미션 설립을 승인했음을 보고했다. 이는 세라가 매우 걱정하고 있던 것이었기 때문이다. 또 한 가지 세라의 걱정은 캘리포니아 미션에 대해 관할권이 있는 소노라(Sonora, 멕시코 북부)의 주교가 바하 캘리포니아에서와 같이 미션을 도미니크 수도회에 이관할까봐 우려하고 있었다. 팔루는 결코 그런 일은 없을 것이라고 세라를 안심시켰다. 결국 미션은 세속화 때까지 프란시스코 관할 하에 있었다.

1784년 여름, 그의 죽음이 가까워오자 사람들은 "선교사가 부족하여 숱한 원주민들이 그리스도의 복음을 듣지 못하는 것을 슬퍼하는 그의 눈물로 캘리포니아 땅을 적시고 있다."라고 말했다. 1784년 8월 28일 이 캘리포니아의 '사도'는 카르멜 미션에 있는 그의 작은 방의 나무 침대에서 숨을 거두었다. 그의 시신은 고인의 소망대로 카르멜 미션의 지성소에 사랑하는 크레스피 신부 곁에 함께 묻혔다. 비록 그 후에 흙벽돌(아도비) 교회는 석조 건물로 개축되었지만 같은 위치에 그대로 묻혀있다. 오늘날 카르멜 미션을 방문하는 사람은 제단 가까이에 있는 그의 마지막 안식처를 볼 수 있다. 세라가 죽은 후 그의 낡은 수도복은 작은 조각으로 잘려 그가 사랑하던 개종 인디언들에게 나누어 주었다.

이 캘리포니아 역사의 거인, 세라 신부의 동상은 미국의 의회 동상 홀에 캘리포니아를 대표하여 설치되어 있다. 미 의회는 "그는 용기와 행동으로써 미국의 정신을 보여준 이 땅의 불후의 영웅들과 함께 서 있으며, 이는 진실로 '돌아가지 않은' 가치가 있는 것이었다." 라고 선언하였다. 그는 왼손에 카르멜 미션을 들고 오른 손에 십자가를 높이 들고 있다. 이는 후니페로 세라가 캘리포니아에 공헌 바를 잘 나타내고 있다.

1882년 1월 24일 카사노바(Casanova) 신부와 마차도(Christiano Machado) 등은 성소 왼쪽에서 세라의 묘소를 찾았다. 1937년 8월 29일 세라의 방이 재건되어 미션에 봉헌되었는데 동시에 복자화가 추진되었다. 1985년 요한 바오로 2세 교황은 그를 존경스럽다고 선언함으로써 그의 교회와 동료가 그에게 줄 수 있는 최고의 영예, 성인을 수여하기 위한 절차를 시작하였다. 1988년 9월 25일 교황은 그를 복되다고 선언함으로써 성인품 수여의 길을 열었다.

그는 아주 지성적인 사람도 아니었고, 사물에 대한 그의 인식은 매우 편협했다고 말할 수도 있으며, 개종 인디언에 대해 매우 독재적이었으며, 정부나 군 관계자들과의 관계에도 매우 융통성이 없는 사람이었다고 비난할 수 있다. 그러나 이 모든 비판에도 불구하고 우리는 그가 동정심 많고, 한없이 마음이 넓으며, 정열적이고, 불굴의 의지의 사람이라는 것을 부정할 수 없다. 이러한 모든 점에서 볼 때 그는 위대한 사람이었다. 그는 이교도의 영혼 구원이라는 자신의 생애 목표에 대해 일편단심으로 물러서지 않으며, 지칠 줄 모르는 절대적 헌신을 위해 자신을 기꺼이 내어 놓았다.

페르민 라수엔

세라가 죽은 후 팔루 신부가 잠시 대역을 맡았다. 그러나 그는 곧 캘리포니아 미션과 후니페로 세라의 전기를 쓰기 위해 멕시코시티의 프란시스코 수도회 대학으로 물러날 것을 신청했다.

그의 뒤를 이은 것이 라수엔 신부였다. 라수엔 신부는 스페인 비토리아에서 태어났고, 바스크족으로, 바스크어가 모국어였다. 그는 항상 불완전한 스페인어를 불평했다고 한다. 그러나 그의 편지를 보면 그는 우아하고 문학적인 스페인어를 구사하고 있었다 한다. 그는 15세에 서언을 했다. 그는 1749년 세라와 팔루가 멕시코로 올 때 함께 온 사람이다. 그는 바하 캘리포니아의 로레토(Loreto)에서 미션을 맡고 있다가 프란시스코 수도회가 바하 캘리포니아의 미션을 도미니크 수도회에 인계하고 북쪽으로 올라 올 때 팔루와 함께 올라왔다. 그는 처음에 산 가브리엘과 산 후안 카피스트라노에서 근무했다. 미션 회장을 맡게 될 때는 샌디에이고 미션을 맡고 있었다. 미션 회장을 맡게 되자 그는 캘리포니아 미션의 본부인 카르멜 미션으로 올라 왔다.

라수엔 신부는 캘리포니아의 미션 회장을 맡기 전에는 계속 늘 자신은 부족하다며 전출시켜달라고 불평을 했다고 한다. 그러나 이러한 초기의 흔들림과는 달리 미션 회장이 되자, 역사가들의 눈에는 그는 생기 있는 선교사요, 능력 있는 행정가였다. 비록 세라의 그늘에 가려 각광을 덜 받고 있으나 많은 역사학자들은 그가 세라 못지않으며, 어떤 면에서는 더 훌륭한 지도자였다는 데 동의하고 있다.

초기 유럽 방문자들은 모두 라수엔에 대해 진정으로 좋아해서 그를 세련되고, 학식 있고, 예민하고, 인자하고, 사려 깊은 사람이라고 기술하고 있다. 역사학자 밴크로프트(Hubert Bancroft)는 그를 "솔직하고, 인정 많은 노인으로 만나는 사람을 모두 친구로 만드는 사람이었다."라고 기술하고 있다.

그는 여러 점에서 세라와 대조되는 사람이었다. 역사가이며 프란시스코 수도사인 게스트(Francis Guest)는 두 사람을 다음과 같이 비교하고 있다.

"두 사람은 모두 지적이지만, 라수엔은 세라보다는 훨씬 통찰력이 있어 인간관계에 있어 그를 능가한다. 두 사람 모두 개성이 강하지만, 라수엔는 한때 영적 약점을 경험했으나 세라는 이 같은 경험이 없다. 세라는 거칠고, 강압적이며, 자신만만하다. 라수엔은 조용하며, 조심스럽고, 용의주도한 편이다. 두 사람 모두 군과 종교 간의 갈등을 겪었지만 세라가 훨씬 더 심했다. 두 사람 모두 교회의 이익을 보호했다. 그러나 미션의 회장으로서 국가와 대립함에 있어 전임자보다 라수엔은 더 능숙하며, 더 공손하며, 더 조용히 처리했다."

그는 1785년부터 1803년까지 18년간 재직하였으며 9개의 미션을 건설하였다. 그의 지도 아래 초가지붕에 목조 건물인 초기의 초라한 교회들은 정원, 아케이드, 기와지붕 등 캘리포니아의 전형적인 교회로 탈바꿈했다. 그는 둥근 기와와 넓은 아치의 새로운 건축 양식을 보급시켰다. 라수엔 신부는 소위 세라가 '미션의 묵주'라고 불렀던 샌디에이고에서 샌 프란시스코까지 미션의 체인을 엘 카미노 레알을 따라 완성했다. 라수엔은 1803년 죽었고 카르멜 미션에 후니페로 세라 곁에 묻혔다.

9

미션의 번영

미션의 산업 활동

미션은 여러 가지 활동이 밀집된 곳이었다. 개종한 인디언은 미션에서 노동을 할당 받게 되며 이에 대한 대가로 양식, 옷, 교육, 성사를 받게 된다. 무두질, 대장질, 양조, 목축, 밭 갈기, 곡식의 관리, 수로공사, 건물 짓기 등은 남자의 일이었다. 요리, 바느질, 방적, 직조 등은 여자들의 일이었다. 추수 때는 남녀가 모두 나가 일을 했다. 가죽으로 신과 재킷을 만들고, 양털로 담요를 만들었다. 포도나무가 잘 자라 와인을 만들어 팔 수 있었다. 밭에서는 밀이나 옥수수 등이 잘 자랐고, 들에서는 엄청난 수량의 소나 양을 기를 수 있었다. 이것이 미션을 번영하게 만든 경제적 원동력이었으며, 미션은 이렇게 50년간 성공적으로 성장할 수 있었다. 1834년 세속화 당시 공소를 포함한 전체 미션의 가축 보유수는 30만 마리가 넘었고, 곡물도 12만 부쉘 이상을 보유하고 있었다. 미션 이전의 알타 캘리포니아에는 단 한 마리의 소나 말이나 돼지도 없었고, 단 한 부쉘의 밀 같은 곡물도 없었다. 신부와 같이 비세속적 사람들이 이곳에 와서 인디언들을 개종시키기 위해 세속적 산업 생산에 혼신의 노력을 기울였다는 것은 참 아이러니다. 미션의 산업 활동을 일별하면 다음과 같다.

농사

미션은 농사 협동체이었다. 미션 설립에 있어서 중요한 것 하나는 농사에 충분한 물이 있는가 하는 것이다. 댐이 완성되기 전에 가문 해는 물을 날라 와야 했다. 이 때문에 거의 대부분의 미션은 크고 작은 댐들을 건설했다. 이 물로 미션, 농장, 목장 등에 물을 공급할 수 있었다. 감독은 '군인선교사'라 불릴 만큼 파드레의 지시 아래 미션의 모든 경제적 활동에 간여하였다. 또한 이들은 바하 캘리포니아에서 온 인디언 혹은 설립한지 오래된 미션에서 온 인디언들의 도움을 받았다. 주요 식품은 밀, 보리, 옥수수, 콩, 완두, 누에콩 등이었다.

주 생산품의 파종이나 수확은 공용을 위한 것이었다. 그러나 대부분의 미션 인디언들은 마을 근처에 각자의 개인적 정원이 있었고 여기서 개인 용도로 닭을 길렀다. 프랑스 항해사 듀오씨(Duhaut-Cilly)는 1827년에 산타 바바라에 들른 적이 있는데 미션에서 훌륭한 올리브를 키우고 있고, 바나나, 사과, 배, 오렌지, 체리 등이 정원에 보인다고 말하고 있다. 이태 후 방문했던 로빈슨(Alfred Robinson)도 비슷한 보고를 하고 있다. 그러나 과일의 생산은 미션의 보고서에는 기재되지 않았다.

목축

미션의 주 수입은 가죽과 수지의 교역이었다. 수지로는 비누와 촛대 등을 만들고, 가죽으로는 구두와 안장 같은 피혁 제품을 만들 수 있었다. 소들이 도살되면 그 기름은 커다란 수지 통에서 끓여 정화하고, 가죽은 말려서 다음 무역선이 올 때까지 저장해 둔다.

이들 피혁은 수지와 함께 외국의 선박에 팔아 미션에서는 돈이나 상품을 구할 수 있었다. 이 돈은 미션에서는 요긴하게 쓰였다.

또한 목축을 통해 인디언과 파드레들은 식탁에 고기를 놓을 수 있었다. 일부 고기는 말려서 현지에서 먹고 일부는 선박에 팔기도 했다. 고기를 소금에 절여 저장했다가 후에 팔려는 시도는 실패했다. 결국 많은 양의 고기는 짐승들의 먹이로 내버려 둘 수밖에 없었다. 세속화 직전 미션이 보유했던 가축은 각 미션마다 수만 마리에 달했다. 말미의 표(Confirm final page)에 1832년 세속화 당시의 각 미션의 보유 가축 수를 보여 주고 있다.

의류 산업

옷감을 짜는 일은 미션의 주요 산업 중 하나였다. 3월에서 10월까지 직조자는 셔츠, 치마, 허리감 등을 위해 하루에 10바라(Vara)의 감을 짜야 했는데, 만약 그들이 할당량보다 많이 짤 경우 초과량 10바라에 대해 2레알(reales, 8 reales = 1 peso)를 지급했다. 이 임금은 관대한 것이었다. 닷새에 100바라를 보통 짰기 때문이다. 직조기의 작업자들은 대부분 정오 이전에 작업을 마쳤다. 그러므로 오후와

저녁 시간은 아무도 일하지 않았다.

아도비(흙벽돌)와 기와

또 하나 할당제로 일하는 것은 기와와 아도비(흙벽돌) 제작이었다. 9명이 360장의 아도비를 할당받았다. 그러나 이들은 오전 중에 할당량을 거의 채웠으므로 11시 이후에는 일하는 경우가 별로 없었고, 토요일에도 일하지 않았고, 금요일에도 안하는 경우가 많았다.

교역

초기 교역

동부에서는 미국의 독립전쟁이 한창 진행 중이었는데 스페인은 1779년 프랑스를 도와 미국 지원에 참여했다. 이에 배들이 필리핀 방어에 동원되었기 때문에 캘리포니아는 보급에 문제가 있었다. 그러나 이때쯤 미션은 상당히 자급이 이루어지고 있었다. 1779년 세라가 샌디에이고를 맡고 있는 라수엔에 보낸 편지를 보면 카르멜 미션은 그해 1660부쉘의 밀, 700부쉘의 보리, 165부쉘의 콩 및 85부쉘의 옥수수를 수확했다고 말하고 있다. 오히려 미션은 $106에 상당한 현금을 스페인의 전쟁 경비에 헌납할 수 있었다.

1786년 말 바사드네(Don Vincente Vasadne)는 중국과의 교역을 위해 수달을 잡아도 좋다는 허가를 가지고 프린세사(Princessa)호를 몰고 왔다. 바다 수달의 가죽은 평방인치에 650,000개의 털이 있고, 두께가 바다표범의 두 배였기 때문에 중국의 귀족들에게 대단히 인기가 좋았다. 파게스 지사와 신부들의 지시에 따라 개종 인디언들은 수달 사냥에 나섰고 북가주 5개의 미션에서 석 달 만에 1060마리의 수달 모피를 프린세사 호에 실을 수 있었다. 그 모피는 개당 2페소 내지 10페소에 바사드네에게 팔렸다.

이 교역은 너무 수지맞는 장사여서 그냥 미션에 맡길 수가 없었다. 1788년 교역에 대한 규정이 변경되어 프레시디오만이 이를 구입할 수 있게 되었다. 2년 후 비리 문제를 해결하기 위해 모피의 구매를 미션에 맡기고자 했으나 프레시디오의 반발이 너무 심해 수개월 만에 새로운 규정을 폐기하고 다시 프레시디오로 넘기고 말았다. 그 이후 수달의 멸종 문제가 대두될 때까지 미션은 수달 구매에 관여하지 않았다.

미션의 교역

미션이 성장함에 따라 교역은 기지, 정착민, 동부 무역업자 등으로 확대되어 갔다. 파드레들은 이 거래를 통한 수익으로 꼭 필요한 금속류 제품, 옷, 공구 등을 샀다. 이익의 일부로는 성당을 꾸몄으며, 종교 관련 제품, 십자고상, 장신구 등을 사기도 했다.

미션은 동부 혹은 외국에서 오는 선박들과의 교류가 성장함에 따라 더욱 번영할 수 있었다. 가죽, 수지, 곡물, 와인, 브랜디, 올리브 오일, 가죽 제품 등의 교역을 통해 파드레들은 미션에서는 매우 요긴한 것들, 즉 공구, 가구, 유리, 못, 철물, 옷, 소지품 함, 회반죽 통, 요리도구, 등기구, 악기, 그밖에도 여러 가지 품목을 구할 수 있었다. 훗날 소가죽과 수지는 미션의 주 수입원이 되어 소가죽은 캘리포니아의 현금이라 불렸다.

스페인 통치 기간 동안 캘리포니아는 외국과의 교역이 금지되어 있었으나 상당량의 밀교역이 공공연히 이루지고 있었다. 이런 규제가 해제된 기간에도 샌디에이고, 몬테레이, 그리고 나중 멕시코 시대에는 샌프란시스코에도 세관이 설치되고 검사원이 주재하였다. 이론적으로는 모든 외국 상품은 이 채널을 통해 들어오게 되어 있었으나 고급품의 밀교역은 미국 점령 때까지 계속되었다.

멕시코 독립 이후

미션의 지원은 멕시코에 있던 파이어스 펀드로부터 지원되었는데 이 기금은 본시 예수이트 수도회의 선교 활동을 돕기 위해 기증받는 자금, 부동산, 공장 등으로부터 조성된 기금이었다. 이 기금에서는 일 년에 약 $50,000 정도를 일시불로 선교 기금으로 지원하고 있었다. 1810 년경 멕시코 정부는 이 기금을 몰수하고 미션에 대한 지원을 끊었다. 결국 1815년에는 미션이 그들을 보호하고 있는 캘리포니아 프레시디오에 대해 지원을 책임져야 한다는 명령이 왔다.

1810년경부터 정부의 모든 지원이 끊겼으므로 미션은 캘리포니아에 있는 군은 물론 민간 정부 지원 인력을 모두 포함하여 식량을 지원해야만 했다. 이는 오직 가죽과 수지를 찾는 선박과의 교역으로

만 해결될 수 있었다. 캘리포니아는 새로운 멕시코 공화국의 영토가 되었다. 이런 변동에 수반된 변화가 이 지역의 경제를 바꾸어 놓았다. 멕시코는 스페인이 시행하던 많은 법을 폐지시켜 영국이나 미국의 선박이 캘리포니아에 보다 자주 입항하게 되었다. 1820년대 초부터 영국와 미국의 에이전시들은 미션과 수지와 가죽 거래를 위한 계약을 맺게 되었다. 선박들은 연안을 오르내리며 이 귀중한 화물을 선창에 채웠다. 법적으로는 스페인 선박과의 교역만이 허용되었으나 밀교역을 막으려는 적극적인 시도는 전혀 없었다. 실제로 영국, 프랑스, 러시아, 미국 등의 선박이 캘리포니아의 항구에 언제든 정박할 수 있었다. 가죽과 수지는 주로 영미 계통의 선박에 팔렸다. 이것은 뉴잉글랜드로 운반되어 당시 산업 혁명 이후 첫 미국의 산업인 구두 공장 등으로 팔렸다.

공소- 보조미션(Asistencia)

미션의 회장인 파예라스(D. Payeras)신부는 내륙 지방의 인디언들을 기독교화 할 수 있도록 두 번째 미션 체인을 건설할 것을 제안했으나 정부 측의 승인을 받는 데 실패했다. 이렇게 되자 멀리 떨어진 곳의 인디언들의 요구와 필요에 의해 파드레들은 공소(보조 미션, Asistencia)을 설립하기 시작했다. 이 공소들이 장래 완전한 미션으로 승격되는 것이 이를 설립한 신부들의 바람이었다. 이들은 처음에는 개종자들의 건강을 돌보는 요양소 혹은 창고 등으로 건설되었다. 그 후 공소가 설립되었다.

전성기에 공소는 20개가 넘었다고 한다. 어떤 공소는 빠르게 성장하였다. 팔라(De Pala) 공소 같은 곳은 인디언이 천여 명에 이를 정도로 번창했다. 산 라파엘과 같은 곳은 나중에 그 자체로서 미션으로 승격되기도 했다.

이 같은 공소 중 현재까지도 미션의 원래의 목적대로 인디언들을 위한 봉사를 계속하고 있는 곳은 산 안토니오 데 팔라(San Antonio de Pala) 미션뿐이다.

정착촌

정착촌의 인종 구성

프레시디오 근방에는 항시 정착촌이 있었다. 변방 기지의 유지에 필요한 여러 가지 비군사적인 업무를 맡아줘야 했기 때문에 민간인은 언제나 프레시디오의 생활의 일부였다. 이들은 밭에서 일했고, 가축을 돌보고, 예술인의 역할도 했다. 정착민은 최초로 개척팀이 올 때도 함께 왔고 또 그 후에도 꾸준히 전입되었다. 산타 바바라의 경우 1782년 최초 정착 자 수는 150명 정도였다. 그 후 최초의 인구 조사가 실시된 1785년 12월 31일에는 204명이었다.

기록이 잘 남아 있는 산타 바바라 정착촌의 1785년경의 인구 구성은 다음과 같다.

1. 크리올(Creoles) : 93 : 멕시코 태생 스페인인
2. 메스티조(Mestizos) : 38 : 스페인과 인디언 혼혈
3. 물라토(Mulattos) : 27 : 스페인과 흑인 혼혈
4. 크리스찬 인디언 : 10 : 멕시코에서 기독교화한 인디언
5. 코요테(Coyote) : 4 : 커피색 피부인
6. 로보(Lobo) : 1 : 인디언과 흑인 혼혈
7. 메스티조와 물라토 혼혈 : 4
8. 분류가 안 되는 사람(Unclassified) : 20

정착촌에서의 인종의 혼재에도 불구하고 대부분의 정착 자들은 스스로를 '이성의 사람'으로 보고 또 다른 사람들도 그렇게 보았다. 히스패닉 사회에 백인이라는 별도의 구분이 없었고 '헨테 데 라존'(Gente de Razon: 직역하면 '이성의 사람'이었으며 성숙한 사람을 의미했다.)이라고 구분했다. 스페인 태생은 포르톨라 등 몇 명에 불과할 뿐 거의 없었다. 또한 신부들은 여기서 예외였다. '헨테 데 라존'이란 결국 인디언이나 흑인을 제외한 사람을 일컫는 말이 되었다.

1790년 실시된 인구 조사에 따르면 스페인 피가 섞인 인구(헨테데 라존)가 1774년 170명에서 대체로 1,000명 정도로 늘어나 있었다. 이 수치는 계속 늘어 1800년에 헨테 데 라존은 약 1,800명 정도였다.

인디언의 지위

인디언들의 지위란 미국에서 흑인과 비슷했다. 다만 한 가지 다른 점에 대해 다나(Dana)는 다음과 같이 설명하고 있다. "최소한 스페인 피가 1/4 혹은 1/8만 섞였더라도 농노의 지위를 떠나 충분히 정식 복장을 할 수 있었다. 즉, 비록 아무리 조잡하고 더러워도, 부츠를 신고 모자를 쓰고 망토를 하고 박차를 달고 긴 칼을 차고 자신을 스페인인이라 부르며, 또한 자격이 돼 재산을 소유할 경우 이를 유지할 수 있었다." 순수한 인디언들이 캘리포니아에서 하류계급 대우를 받았지만 혼혈은 '헨테 데 라존'으로 치부되었다는 것이다. 이는 모든 권리와 특권 면에서 스페인에서 태어난 스페인인이나 멕시코에서 태어난 스페인인의 자손과 또한 이들과 결혼한 현지 부인들과 함께 동등하게 취급됨을 의미했다. 이는 미국 남부에서 흑인의 피가 조금만 섞이면 흑인으로 취급하는 것과 달리 캘리포니아에서는 스페인인의 피가 조금만 섞여도 이를 받아들임을 의미했다.

1813년 정부로부터 산타 바바라 지역 내의 인종적 구분에 따른 인구에 대한 문의를 받았을 때 미션에서 대답하기를 "이는 쓸데없는 일이다. 모두 자신을 스페인인으로 생각하고 있다."라고 답했다. 그러나 그때까지 '헨테 데 라존'들과 미션 인디언간의 결혼은 매우 적었다.

정착촌의 사회

초기 정착촌의 중심은 프레시디오(기지)였다. 1792년 샌프란시스코, 산타클라라 및 몬테레이를 방문했던 영국의 탐험가 밴쿠버(George Vancouver) 선장은 캘리포니아의 식민지에 대해 생생하게 다음과 같이 기록하고 있다.

"그 정착지라는 곳은 유럽 혹은 문명된 국가와 희미하게나마 연결해 주는 물건이 최소한 내 눈에는 없었다. 샌프란시스코의 기지(Presidio)라는 곳은 바로 '흙벽으로 둘러 싸인 소 우리'를 닮았다. 샌프란시스코에서 가장 크다는 사령관의 숙소는 바닥이 더러웠는데 바닥을 깔거나 포장되지도 않았고 최소한 평탄하게 고르지조차 않았다. 지붕은 붓꽃이나 골풀로 덮였고, 가구라는 것도 조잡한 것들의 빈약한 모듬이었다. 사령관의 부인은 점잖게 입었으나 바닥에 다리를 가부좌 틀고 앉아서 우리를 맞았다."

몬테레이에 대한 그의 평가도 별 차이가 없었다.

"건물들이 조금 작다는 것을 제외하면 전혀 동일했다." "기지에 부속된 건물들은 '비참한 진흙 오두막'이었다. 식민지 전체가 샌프란시스코와 마찬가지로 '쓸쓸하고 흥미 없는 모양'이었다."라고 말하고 있다. 이 더러움과 빈곤은 "우리들이 이곳의 스페인인들에 대해 갖고 있던 관념 즉 호화로움과는 전혀 맞지 않는 것이었다."라고 밴쿠버는 말하고 있다.

이 미션과 기지에서의 빈곤은 어찌 보면 당연한 것이었다. 사실 식민지의 역사로 볼 때 이때까지 이 정착지들이 살아남았다는 것 자체가 놀라운 일이었다. 기초를 잡고 처음 16년간이 특히 어려웠다. 작황은 계속 실패했고, 산 블라스(San Blas)에서의 보급선은 적절한 때에 맞춰오지 못했고, 인디언들은 유럽식 방식에 거부반응을 보였다.

정착촌에서의 싸움은 보통 큰 사상자 없이 끝났지만 1804년 1월 1일 사령관 카브리요(Raimundo Carrillo)가 마을 사람들이 칼을 휴대하는 것을 금지 시킨 것을 보고하고 있으므로 그때까지는 칼을 휴대하는 것이 합법이었음을 말한다. 그러나 스페인에서는 칼의 휴대가 위법이었다.

캘리포니아의 푸에블로

1775년 8월 캘리포니아의 수도를 몬테레이로 옮기라는 명이 있었으나 실제로 실행한 것은 1777년 2월 3일 네베(Don Felipe de Neve)가 지사로 부임하고서다.

그 전해 성탄절에 네베의 규정이 발표되었는데 이에 따라 미션과 관련 없이 베이 남쪽 산 호세에 푸에블로가 설립되었고 이것이 캘리포니아의 첫 푸에블로였다. 산 호세 푸에블로가 설립된 후 네베는 남쪽으로 시선을 돌렸다. 그는 이곳에 푸에블로가 프레시디오 보다 먼저 세워져 새로운 프레시디오와 샌디에이고 프레시디오에 식량을 공급할 수 있기를 원했다.

산 호세 푸에블로는 디안자 개척팀을 좇아온 정착민들 때문에 가능했다. 따라서 그는 새로운 푸에블로가 있어야 한다면 새로운 정착민도 필요하다고 생각했다. 바하 캘리포니아에 있는 리베라에게 명하여 내륙으로 들어가 안자가 했듯이 새로운 정착 자를 모집할 것을 명했다. 또한 네베는 아르게요(Jose Dario Arguello)에게 새로운 푸에블로의 초석을 놓으라고 명했다. 이렇게 하여 오늘날의 L.A의 초석이 놓인 날은 1781년 9월 4일이다.

1782년 푸에블로의 곡물 생산은 2,000부쉘에 이르렀다. 이것은 두 개의 북가주 프레시디오의 식량으로 충분한 것이었다. 인구는 간혹 정착민의 유입과 퇴역 군인들의 정착으로 천천히 늘었다. 1790년에 산 호세 푸에블로의 총 인구는 80명 정도였다.

남쪽에 있는 로스앤젤레스 푸에블로 역시 산호세와 비슷한 유형으로 인구가 늘어났다. 1790년 L.A의 인구는 100명을 약간 넘는 정도였으나, 그로부터 10년 후에 거주자는 300명 정도였다. 이때쯤에는 L.A.의 옥수수 생산은 그 잉여 생산으로 산타 바바라 미션을 먹일 수 있었다.

푸에블로의 토지 관리는 조심스럽게 관리되고 있었다. 약 반의 토지는 읍 정부에서 관리하고 있었는데 이는 공동의 초지 및 연료나 목재를 위한 야산과 강, 관개 수로, 샘터 등 푸에블로의 물 공급을 위한 지역으로 나뉘어 있었다. 푸에블로는 광장 부근의 공공건물을 관리하고 있었다. 그밖에 푸에블로 땅의 나머지 반은 개인들에게 분배되었다. 이것은 광장 부근의 개인 건물, 개인 건물에 딸린 토지, 개인 정착 자와 그 가족을 위한 농지 등이었다.

1807년에 산호세 푸에블로에는 약 120명의 정착민과 숫자 미상의 인디언들이 고용되어 일하고 있었다. 정착 자들은 산 호세 미션에서 동쪽으로 20마일 정도 떨어진 촐본(Cholvon) 인디언을 불러 일을 시켰는데 이들 인디언과 또 다른 원주민 일부가 마을에서, 특히 수확기에는 계속 일을 했다. 1809년에는 정착민들은 약 3,000부쉘을 수확했으며, 천 마리가 넘는 소를 보유하고 있었다.

개인 목장 역시 또 하나의 제도로서 뿌리를 내리고 있었다. 식민 정부가 지역 개발을 위해 군인들을 유도하는 한 가지 방법은 복무 기간이 끝나면 토지 불하를 약속하는 것이다. 스페인 통치 기간에는 모든 토지는 왕의 소유라는 관점에서 토지 자체가 아닌, 토지의 이용만을 허가하는 방법이었다. 그러므로 불하는 기술적으로 방목의 허가뿐이었지만 이는 법적일 뿐 실질적으로는 차이가 없었다. 불하된 토지는 처음부터 개인의 목장으로 간주되었고 멕시코독립 후에는 정식 개인 소유권이 불하되었다.

결국 스페인인들이 진출한지 40년이 지나 원주민들은 자신들의 땅에서 새로 도착한 스페인인이나 혼혈아들의 목장, 혹은 농장에서 그들의 명을 받아 곡물이나 가축을 키우며 일하는 노동자로 신세가 전락되었다.

스페인의 전통적 시정 조직에 따르면 표면적으로는 선출된 시장(Alcalde)과 시의회가 자치적으로 운영하는 것이었다. 그러나 알타 캘리포니아와 같은 변경 지역에서는 선출된 관리의 권한이란 제한된 것이었다. 푸에블로의 주 역할은 프레시디오에 식량을 공급하는 것이었으므로 군이 시정에 깊이 관여하였다. 예를 들며 산 호세의 경우 몬테레이 프레시디오 사령관이 산 호세의 실무 책임자(Commissioner) 를 임명하였으며, 로스앤젤레스의 경우도 산타 바바라 프레시디오 사령관이 로스 앤젤러스의 실무 책임자를 임명하였다. 이들이 실권자였다. 또한 프레시디오 사령관은 시장이나 마을 시의원의 선출에 거부권을 행사할 수 있었다.

안토니오 코로넬의 회고록

코로넬(Antonio Coronel)은 1817년 멕시코시에서 태어났다. 1834년 그는 그의 부모, 세 자매, 형제 한 명과 함께 히하르-파드레스(Hijar-Padres) 식민팀과 함께 알타 캘리포니아로 왔다. 이 가족은 로스앤젤레스에 정착했다. 그의 아버지 이그나시오(Ignacio)는 학교 선생이며 상점을 운영했다. 1847년 안토니오는 토지를 불하 받았다. 그는 로스앤젤레스의 유지가 되었으며, 1894년 그가 죽기까지 L.A.에 살았다. 그의 회고록은 멕시코 시절의 구체적 생활상을 전해주고 있다.

히하르-파드레스 식민팀이 캘리포니아에 도착했을 때 백인(Gente de Razon)의 수는 프레시디오를 합쳐도 500이 넘지 못했다. 주민의 교육이란 것은 주로 신부에 의한 가톨릭 교리였다. 같은 신부가 한두 명의 칼리포니오(캘리포니아 거주민)에게 쓰기를 가르치는 것이 고작이었다.

프레시디오에 가면 약간 명의 주민이 읽기, 쓰기 등 교육의 기본이나 필수가 되는 조금 나은 기초 교육을 받는 사람들이 있었다. 이 조그마한 차이도 프레시디오에 장교들이 있기 때문이며, 이들은 다른 데서 배웠거나 구 스페인 장교들과의 접촉 혹은 배를 타고 온 상인들과의 접촉을 통해 배운 것이다.

정착지 내부에서는 쓸 줄 아는 사람이 매우 적었다. 지적이고 배운 사람들이 도착한 후에도 교육은 매우 낮은 수준이었다. 여자들의 교육은 더 낮은 수준이었다. 쓰는 것은 고사하고 여자들이 장부 정리를 배우는 것은 안 좋은 것으로 인식되었었다. 이 같은 낮은 수준의 교육에도 불구하고 여자들은 쾌활하고 부지런하고 깨끗했으며, 집안일뿐만 아니라 어떤 여자는 남자들의 일까지도 맡았다.

남자들은 거의 전적으로 가축 일에 매달렸다. 당시 여러 가지 잡다한 일에도 불구하고 가죽과 수지가 가장 돈이 되었다. 칼리포니오들은 농사일에 크게 신경 쓰지 않았는데 왜냐하면 곡물은 미션에서 살 수 있었기 때문이다. 약간의 가구가 자신들의 식량으로만 곡물을 길렀다. 그러나 미션이 쇠퇴하면서 농사일이 널리 보급되기 시작했다.

▲ 처음 산디에이고 미션이 설립된 자리에 세워진 십자가

포르톨라와 세라 일행의 몬테레이 도착 후 행사 모습 ▲

▲ 원주민 인디언의 사냥 모습,
▲ 스페인인들을 흉내내어 바디페인팅을 한 인디언들 - 버클리 대학, 뱅크로프트 도서관 제공

인디언들의 오두막집 ▲
미션의 종각, 종 ▼

산디에이고 미션의 모형 ▼
(전형적인 미션의 모습.)

▲ 목장에서 사용되던 낙인
- 산 루이스 레이 미션 제공

▲ 미션의 달구지
- 산 루이스 레이 미션 제공

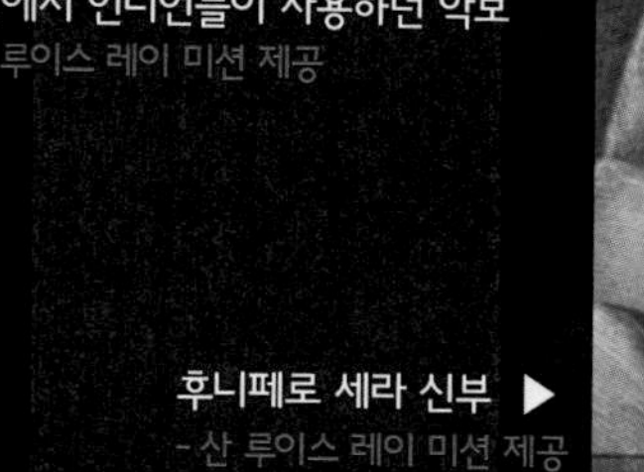

◀ 미션에서 인디언들이 사용하던 악보
- 산 루이스 레이 미션 제공

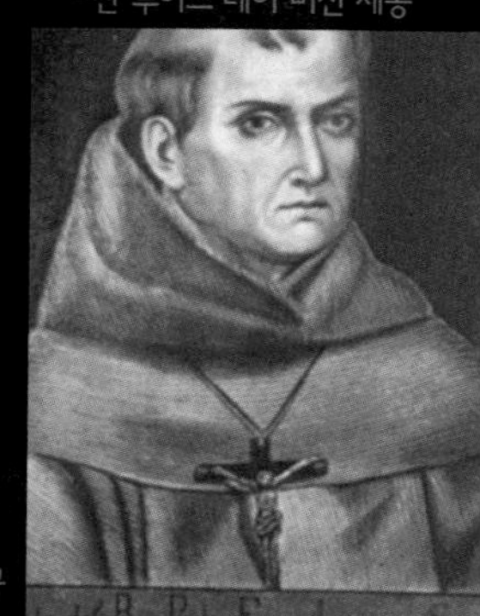

후니페로 세라 신부 ▶
- 산 루이스 레이 미션 제공

세라 신부가 죽기전까지 사용하던 방 ▼

▼ 세라신부가 죽기전의 마지막 미사

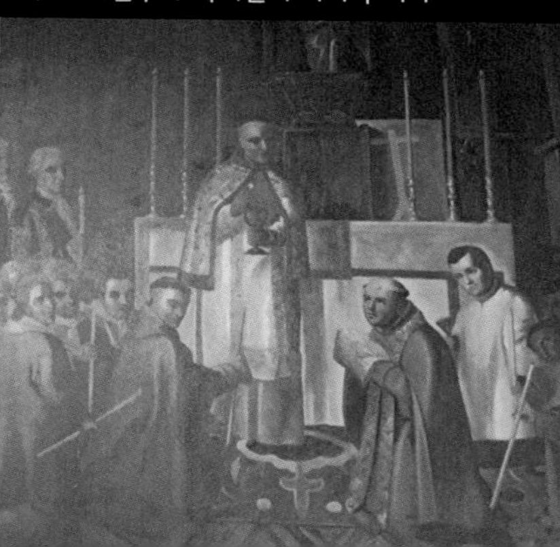

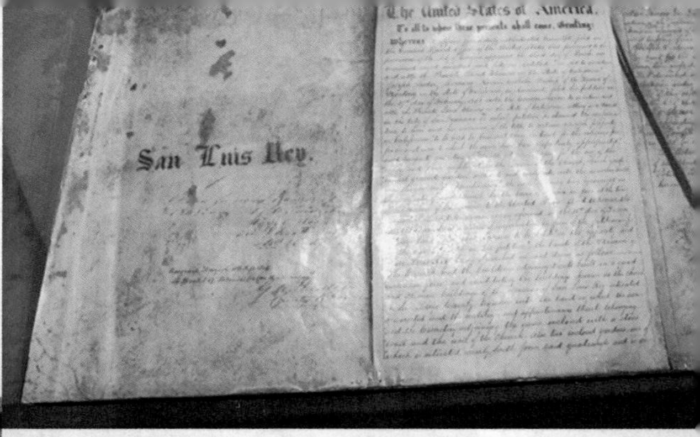

지진으로 파괴된 산루이스레이 미션 ▲
- 산 루이스 레이 미션 제공

▲ 린컨 대통령이 미션의 카톨릭 반환을 승인한 서류 - 산 루이스 레이 미션 제

▲ 세속화이후 버려진 미션 ▼

샌디에이고 미션의 발굴 현장 ▼

▼ 세라 신부의 석관

복원된 현재 미션의 모습 - 산 루이스 레이 미션 제공
_ 산 루이스 레이 미션 (샌 디에이고 카운티 오션사이드) ▼

미션의 성상벽(Reredos)_ 카르멜 미션(몬테레이)
1987년 샌 퍼난도 미션을 방문하여 기도하고 있는 교황 요한 바오로 2세

복원된 현재 미션의 모습
_ 카르멜 미션(몬테레이) ▼

11 미션 인디언

미션 인디언

미션 인근의 인디언들은 미국 센서스에는 모두 미션 인디언으로 분류되어 있다. 이는 인종적 분류는 아니다. 미션 인디언이란 분류는 나름대로 의미가 있다. 그들은 수십 년간 몇 대에 걸친 미션 생활로 인해 그들의 본래의 생활양식을 버리고 문명화 되었으며, 기독교화 되었다. 또한 많은 미션 인디언들은 언어도 본래의 그들 종족의 언어를 잃어버렸고 스페인어를 사용했다. 그러므로 미션 인디언이란 문화적 분류라 볼 수 있겠다. 미션 인디언은 전체적인 원주민 인구를 감안할 때 일부에 불과했다. 세속화 당시 알타 캘리포니아에는 31,000명 정도의 미션 인디언이 있었다. 이것은 원주민의 수를 적게 십여 만 명 정도로 보더라도 30%를 넘지 못하는 것이다.

개종 인디언들의 일과

인디언들은 미션 이전에 언제나 먹이를 찾아 헤매던 생활에서 처음으로 해방되었으며, 하루 세끼를 풍족히 먹을 수 있었다. 인디언들의 일상생활과 관련하여 이 개종자들의 업무시간은 일반적으로 산업화된 사회의 일과에 비하여 훨씬 적었다. 밭에서의 일이나 작업장에서의 일이 일반적으로 하루에 6시간을 넘지 않았다. 그러므로 인디언 개종자들은 유럽의 농부들보다 훨씬 적게 일하고 훨씬 잘 먹었다고 말할 수 있다.

1800년 타피스(Estevan Tapis) 신부는 산타 바바라 미션의 식량 배급에 대하여 자세한 기록을 남기고 있다. 미션의 식량은 풍족한 편이었다. 미션에서의 그들의 식사란 육 고기, 도토리, 콩 등이다. 또한 인디언들은 물고기도 낚고 도토리도 주울 수 있는 옛 생활을 즐길 수 있는 기회가 주어진다. 또한 거의 모든 인디언들이 집에서 닭을 기르고 있었다.

인디언 개종자들은 먼저 기독교의 기본 전례를 배우고 하루에 몇 차례 전례에 참석해야 했다. 또한 인디언들은 그들의 재능에 따라 장인들로부터 건축이나 농사일을 배웠다. 버터 생산, 초나 비누용 수지 생산, 피혁 제품, 포도주, 기름, 직조, 요리 등을 배웠다. 그밖에 농사일도 배웠다. 또한 하루에 일정 시간을 할애하여 아도비 제작, 기와 굽기, 담 쌓기, 수공품 만들기 등에 참여해야 했다. 여자들은 길쌈, 음식 준비 등을 했다. 인디언들은 많은 소와 말을 기르기 위해 카우보이 일도 배웠다. 뛰어난 사람은 추려서 알칼디(Alcalde)라 부르며 간부를 삼아 일정 인원의 통솔을 맡겼다.

매일 아침 인디언들은 삼종 기도 종소리와 함께 일어나 교회로 가서 미사에 참석하고 아침 식사를 한다. 작업이 지정되어 있는 사람을 제외하고는 모두 아침에 작업이 할당된다. 대략 9시에서 11시까지 일을 한다. 남자와 나이든 아이들은 작업장이나 밭에서 일을 하거나 혹은 건축 장에서 일을 한다. 여자는 실을 잣거나 옷을 만들거나 혹은 음식을 준비하는 일을 할당 받는다. 아이들은 미션에 있는 학교에 가서 공부한다.

다음은 중식과 휴식. 휴식은 약 2시간이다. 다시 대략 1시에서 3시까지 오후 일과. 저녁시간 전에는 다시 가톨릭 전례에 참석. 저녁 후에는 휴식이나 각종 놀이, 음악, 춤 등으로 즐긴다. 저녁 8시에 종이 울리면 취침이었다.

하루의 일과와 그 시간은 모든 미션이 동일하였으며, 미사, 작업, 식사 및 취침 등의 시각을 종으로 알렸다. 종지기의 임무는 매우 중요했고 따라서 그 지위도 높았다. 정원에 있는 해시계도 이에 도움이 됐고 또 파드레들은 나름대로 원시적인 시계를 갖고 있었다.

휴가

대부분의 미션에서는 인디언들이 미션에서 5주를 지내면 자신의 부족들을 방문할 수 있도록 휴가를 주었다. 매주 미사가 끝나면 신부는 개종 인디언 수의 약 1/5의 이름을 부른다. 이들은 휴가가 허락된 사람들이다. 가까운 곳에서 온 인디언은 1주일, 먼 곳에서 온 인디언은 2주간의 휴가가 허락된다. 그러므로 추수 등 특별한 일이 없을 때는 약 1/5의 인원은 항상 휴가 중이었다.

또 많은 경우 낚시, 기지 방문 혹은 단순 외출 등의 목적으로 하루의 외박이 허용되었다. 이렇게 친척을 방문할 수 있는 휴가는 인디언이 그들의 마을에서 새로운 이교도를 미션으로 유도하는데 도움이 되었다.

주거 환경

결혼한 개종자들은 아이들과 미션 인근에 마을을 형성하고 살았다. 처음에 미션 부근에 오두막을 짓고 살았으나 점차로 아도비 건물로 대체되었다. 이것은 추위, 열, 비로부터 보호를 받는데 많은 도움이 되었다. 미션에서 사는 개종 인디언들의 거주 환경이 더럽고 가난했을 것이란 추측은 현실과 거리가 멀다. 미션 안에 있던 파드레들의 주거 환경과 비슷했을 것이라고 보는 것이 타당하며, 파드레들의 주거 환경이 이들 주위의 인디언 마을의 주거 환경과 크게 다르지 않았다. 매년 말에는 개종자들에게는 구분 없이 담요가 주어졌고, 매 6개월마다 무지기(허리에 걸치는 간단한 옷)를 배급 줬고, 남자에게는 셔츠, 여자에게는 치마를 배급 줬다.

1793년 11월 12일에서 17일까지 밴쿠버(George Vancouver) 선장과 식물학자 멘지스 경(Sir Archibald Menzies) 일행이 산타 바바라를 방문하였다. 이들은 두 명의 신부가 상당히 많은 수의 인디언들을 기독교인으로 개종시켰을 뿐 아니라, 그들에게 산업화의 정신을 가르치고 직업과 기술을 가르쳤다고 매우 높이 평가하였다.

원주민의 마을을 돌아본 멘지스는 이교도 인디언들이 완전한 나체로 다니고 여자도 허리 아래만을 가리는 데 비해 개종 인디언들은 매우 점잖고 차분했다고 말하고 있다. 멘지스는 이는 "놀라운 일이다."라고 말하고 있다. 1829년 미션을 방문했던 로빈슨(Alfred Robinson)은 "많은 경우 주택이라는 것이 비교적 깔끔하게 5개 혹은 6개의 블록이나 스트리트로 구성되었다. 전체적으로 이런 종류의 다른 시설보다 낫다고 말할 수 있다."라고 기술하고 있다.

기지(프레시디오)에서의 인디언들의 노동

미 대륙에서 히스패닉의 역사를 통틀어서 선교사들은 군을 때때로 교회의 영적 문화적 노력에 악영향을 끼치나, 한편 군만이 선교사에게 보호를 제공할 수 있었기 때문에 필요악이라고 생각했다. 통상 미션에는 하사관 한 명이 약 4~5명의 군졸을 데리고 밤낮으로 경비를 서고 있었다. 또한 기지에서도 인디언이 필요했다. 그들이 필요한 구두를 인디언들이 만들었고, 기지의 가족들은 인디언들에게 옥수수를 갈도록 요구했다. 기지의 가족들이 집을 지을 때도 인디언 석수나 흙벽 돌쟁이가 필요했다.

일반적으로 기지에서의 일은 미션보다 고됐다. 예를 들면, 미션에서는 구두 한 켤레를 이틀에 만들면 되었으나 기지에서는 하루에 만들 것을 요구했다. 이는 벽돌이나 기와를 만드는 데에도 유사한 경우가 많았다. 기지와 미션 간에 인디언 한 명이 하루에 만들 수 있는 벽돌의 수를 합의를 본 경우에도 기지에서는 더 큰 틀을 주문하여 사용토록 요구했다.

인디언들이 밖에서 일하면 하루에 2레알(Real)을 받았다. 1레알은 인디언이 가질 수 있었다. 그 이상은 미션의 금고로 들어가 공용으로 썼다.

문화생활

음악

음악은 미션 전 기간을 통해 육성되고 개발되었다. 파드레들은 일반적으로 음악에 조예가 있는 분들이었다. 미션에는 플루트, 드럼, 트럼펫, 기타, 바이올린, 클라리넷, 첼로, 심벌즈 등 많은 악기가 있었고, 이런 악기 소리가 들리지 않는 날이 하루도 없었다고 보아도 무방하다. 이들 악기는 대부분 미션 박물관에 전시되어 있다. 1793년에 산 후안 카피스트라노에는 배럴 오르간(Barrel Organ)이 있었다는 증거가 있다. 라수엔 신부는 "크리스마스 밤과 낮에 말할 수 없는 환희와 놀라움으로 인디언들에게(세라 채플에서) 연주되었다." 라고 기술하고 있다.

1829년 산 가브리엘(San Gabriel)미션을 방문했던 로빈슨(Alfred Robinson)의 기록에 따르면 "미사의 경건한 음악이 잘 선택되었고,

인디언들의 목소리가 플룻과 바이올린과 어울려 화음을 이루었다." 라고 한다. "교회에서 물러날 때 그 악단은 교회의 별도의 문으로 신부와 함께 나갔다. 거기서 그들은 약 반시간 머물며 왈츠와 행진곡을 연주했다."라고 기록하고 있다.

이들 인디언들은 노래 부르는 것과 관악기든 현악기든 악기 연주를 대단히 좋아했다. 또한 많은 인디언들이 교회의 성가대에서 화음을 맞추도록 교육을 받았다. 인디언들은 찬송을 즐거운 것이나 어두운 것이나 모두 알고 있었다. 간단히 말하면 음악성이 풍부하고 다양했으며 스페인의 르네상스 음악의 전 부문을 망라하는 것이었다.

이러한 인디언들의 음악적 재능은 교회뿐만 아니라 이곳의 유력 인사들의 행사나 결혼식 등에도 동원되었다.

축일

파드레들은 미션 생활의 단조로움을 달래기 위해 거의 모든 가톨릭 축일을 지켜 행진, 축제, 놀이 등으로 이를 경축하기를 권장했다. 그러므로 일요일 이외에도 거의 모든 가톨릭 축제를 즐겼으므로 축일이 대단히 많았다. 성탄절과 부활절은 물론 성모와 성인들의 축일도 지켰다. 그러므로 일 년 내내 여러 가지 축일을 기념했다. 성탄절과 부활절, 그리고 주보성인의 축일이 가장 큰 축제였다.

대림기간이면 인디언 성가대와 교향악단이 미사를 위한 성가나 노래 연습으로 바쁠 뿐 아니라 성탄절 밤에 그 탄생을 기념하는 연극으로도 바빴다. 인디언들은 여러 가지 연극을 연출했으며, 이 연극을 실제로 본 로빈슨에 따르면 인디언 성가대의 육성이 플룻, 바이올린 및 트럼펫과 어울려 위에서 들리는 것이 마치 성서에 나오는 탄생 전승과 같았다고 한다. 이 성탄절 축제기간 동안 개종 인디언들은 휴무였다.

부활절이 오면 종을 울리고, 교향악단과 성가대의 음악, 그리고 조각, 그림, 꽃 등으로 제단을 장식하곤 했다. 이러한 화려한 행사는 봄철에 맞춰 수일간 진행되었다. 남미에서와 같이 특정 성인의 가호를 기원하는 행렬도 있었다. 미션의 아치들은 예수 성체 축일에 축복받은 성사 행진을 위해 장식되었다. 통상 이 행사는 6월이었다. 오설리반 신부는 이 아름다운 전통을 1912년에 산 후안 카피스트라노 미션에 복원시켰다.

그 밖에 인디언들의 생활

인디언들이 좋아하는 게임은 몇 가지가 있었다. '알아맞히기(Guessing game)'나 '짚 말굽(Hoop of Straw)' 같은 것들이다. 그밖에도 낚시, 사냥 등을 즐겼으며, 또한 곰 낚시(Bear-baiting)도 즐겼다.

인디언들은 노름을 금했지만 많은 경우 기지에 가서 군인들과 노름을 했다. 특히 군인들의 노름을 금한 후로는 군인들이 카드를 고가에 인디언들에게 팔기도 했다. 이런 것들을 통해 군인들은 인디언들의 돈을 갈취했다.

산 후안 카피스트라노 미션에서는 성탄절 9일 전부터는 성가족이 나사렛에서 베들레헴에 여행하는 것을 기념하기 위해 일몰 후 인디언 마을에 행진을 했다. 이 옛날 극은 오설리반 신부에 의해 1916년 재연됐다.

12

인디언의 인권

미션에서의 규율

미션의 규율

당시 미션 인디언들에 대한 기율이란 일정 기강을 유지하며, 일정한 제재와 당시로서는 적절하다고 생각되는 몇 가지 형벌을 가하는 것이었다. 예를 들면 도둑질은 반드시 매를 맞았다. 유혈이 수반되는 범죄를 제외하고 이런 기율은 미션에 일임되어 있었다. 미션에서는 부모가 자식을 가르치는 것과 같은 권위를 가지고 호소하고 꾸짖으며, 또한 처벌했다. 미션에는 감옥은 없었고 체벌만 있었다. 체벌에는 매, 차꼬, 혹은 족쇄였다. 이러한 처벌은 당시는 유럽에서도 매우 흔한 처벌 방법이었다. 정식 재판과 이에 따른 처벌은 프레시디오 소관이었다.

만약 어떤 인디언이 정기 외박에서 돌아오지 않으면 다른 인디언을 보내 데려온다. 그리고 첫 번째는 경고한다. 두 번째는 차꼬를 채우거나 매를 친다. 세 번째는 족쇄를 채우고 일을 시킨다. 여자는 통상 별도의 여자 숙소에서 그 죄의 경중에 따라 차꼬를 하루 내지 3일간 채우도록 했다. 여자의 죄가 아주 중할 경우 다른 여자의 손으로 때리게 했다. 그러나 여자를 족쇄를 채우는 일은 아주 드물었다.

세례 받은 인디언이 도망갔다 체포되면 기지에 보내졌고, 부대에서는 통상 일정 수의 매를 맞게 된다. 각각의 미션은 도망자들과 또 잡혀와 재교육을 받은 기록이 있다.

또한 신앙생활에 있어 심각한 오류가 있을 경우, 이것이 설득을 통해 시정되지 않을 경우 제재가 따랐다. 유럽에서는 일반적으로 신의 조치에 맡겼으나 미션에서는 비록 이 같은 일은 별로 없었지만, 체벌이 따랐다. 이 같은 처벌은 인디언 간부들에 의해 스스로 결정되었다.

인디언들에게 가장 흔한 죄는 부정(不貞)과 절도였다. 거짓말은 매우 흔했으며 인디언들은 이에 대해 별 잘못된 관념이 없었다. 미션의 신부들은 아이들과 또한 아이들과 별로 다를 바 없는 어른들을 가르치는 데 매우 조심하여야 했다.

젊은 미혼 여성들의 난잡함을 예방하기 위해 파드레들은 이들을 별도의 기숙사에 배정해야 했다. 이들은 저녁에 혼자 외출하는 것이 잘 허용되지 않았다. 젊은 여자들이 기지 주변을 서성거리지 못하게 간부들이 자주 확인했다. 그렇지 않을 경우 흔히 곤란한 일이 발생하곤 했다. 젊은 여성들이 수박이나 콘토티야(멕시코식 옥수수 쌈밥) 하나에도 성을 파는 경우도 있기 때문이었다. 젊은 여성뿐 아니라 모든 인디언들의 감시 감독은 인디언 간부들의 임무 중 하나였다.

경비병

인디언들은 군인들로부터 부당한 처우를 받는 일이 종종 있었다. 그러나 이런 경우 파드레들은 인디언을 위해 싸웠다. 인디언들은 오히려 스페인에서 독립한 멕시코 정부나 그 후 미국정부로부터 훨씬 부당한 처우를 받았다. 이들의 처사는 스페인 왕정과 파드레들이 원주민 개종자들의 복지를 위해 노력했던 것과 비교할 때 엄청난 차이가 있는 것이다. 비슷한 시기인 1776년 독립한 미국은 소위 문명사회라면서도 인디언에 대해서는 배척 정책으로 일관했다.

경비병들과 신부들은 자주 충돌이 있었다. 주로 경비병들의 통제받지 않은 처신과 그 규율 때문이었다. 그러나 이들은 신부의 안전이나 미션의 기율 확립, 추수, 작업장 등에 감독 보조 등으로 꼭 필요한 존재였다.

미션 내부의 질서유지는 경비병만의 임무는 아니었다. 파드레들은 소수의 원주민을 간부로 선정하여 그 보조로 삼았으며, 경우에 따라서는 다른 미션에서 기독교화한 인디언을 데려와 사용하기도 하였다.

인디언 자유에 대한 구속

개종 인디언에 대한 인권의 제약

개종 인디언들은 식량, 옷 및 주택이 미션에서 주어졌다. 이는 일반 인디언에 비해 엄청난 혜택이었다. 그러나 이 같은 혜택을 누리기 위해서 이들은 미션에서 규정에 따른 단체 생활을 해야 했다. 인디언에 대한 통제의 일차적 책임과 권한은 미션에 있었다. 사실 이러한 제도는 어느 정도 자유의 제한으로 볼 수밖에 없고 이는 인디언들을 침울하게 만드는 요인이 되었던 것도 사실인 것 같다. 그럼에도 인디언들은 눈에 띄는 큰 저항은 없었다. 어떤 학자는 그 이유를 조직화된 전쟁 경험이 없었고, 무기 등이 스페인 군인들에 비하여 비교가 되지 않았고, 또한 사제들에 대한 반항은 신에 대한 반항으로 비쳐졌기 때문이라고 분석하기도 한다.

라수엔 신부는 새로운 미션의 설립을 위해 출장하는 일이 잦았고 따라서 미션은 그의 부재시 노리에가(Noriega)신부의 관리 하에 있게 되었다. 노리에가는 엄한 편이었다. 파게스 지사는 노리에가가 쇠사슬로 개종 인디언을 때렸다는 고발을 접수하였다. 미션은 이를 부인하고 오히려 프레시디오에서 노동자로 부려 먹을 죄수를 확보할 요량으로 인디언들이 저지르지도 않은 죄를 유죄 판결하고 있다고 역 고발하였다. 이러한 주장들은 양측 모두가 인디언들의 인권을 침해하는 제도가 어느 정도 허용되었으므로 근거 있는 이야기일 것이다. 실제로 몇 명의 선교사들은 그 과격한 행동으로 본국 멕시코로 송환된 기록이 있다.

인디언 처우에 대한 논쟁

인디언 처우에 대해 매우 심각한 논쟁은 프란시스코 수도회 자체 내에서 발생했다. 라수엔 신부는 호라(Antonio de la Concepcion Horra)신부를 1798년 산 미구엘 미션에서 단지 5개월 근무한 후 정신이상 혐의로 캘리포니아 미션에서 쫓아냈다. 호라는 총독에게 다음과 같은 장문의 서신을 써 캘리포니아 미션을 공격했다.

이곳의 신부는 인디언들에게 그들의 말로 대화를 하고 교리 교육도 그들의 말로 합니다. 그들은 내게도 이 같이 할 것을 요청했습니다. 이는 왕의 명에 대한 위반입니다. 나는 그 사제에게 왕명을 보여주었습니다. 그는 성사를 받기 위해 필요한 기본적이고 명백한 자료도 가르치지 않고 세례를 주었습니다. 그는 이 같은 일을 미션이 설립된 바로 그날부터 많은 인디언에게 실행하였습니다. 이는 성교회의 가르침과 관행에 어긋나는 것입니다.

다른 미션에서도 이 같은 일은 관행이었으므로 인디언들이 세례를 받고 숲으로 돌아가는 일은 매우 흔했습니다. 그들은 거기 원하는 만큼 있고 수년 후 돌아옵니다. 이들에 대한 식별이 어려우므로 이들은 다시 세례를 받습니다. 이 같은 일이 매일 일어납니다.

인디언에 대한 처우는 내가 들은 바 보다 훨씬 잔인합니다. 어떤 사소한 잘못에 대해서도 인디언은 매우 심하게 매질을 당하며, 족쇄를 채우며, 차꼬에 며칠씩 물 한 방울 없이 묶어 둡니다.

이 서신은 연쇄반응을 일으켜 아잔자(Miguel Jose de Azanza) 총독은 캘리포니아 지사 보리카(Borica)에게 이를 조사할 것을 명하였다. 보리카는 15개 항목의 질의서를 각 프레시디오 사령관들에게 보내 인디언들에 관한 처우와 호라 신부의 다른 비난에 대해서도 자세히 물었다. 그 결과를 보리카는 총독에게 "일반적으로 인디언에 대한 처우는 매우 거칩니다. 샌프란시스코의 경우는 잔인하다고까지 할 수 있습니다."라고 보고하고 있다.

라수엔의 반박

1801년 라수엔 신부는 사령관들의 질의에 대해서 아래와 같은 장문의 답변을 써 총독에게도 보냈다. 라수엔의 답변은 원주민의 문화에 대한 평가와 이를 개조해야 하는 이유를 설명하고 있다. 이러한 당위성에 대해 선교사들과 스페인 출신 일반인들 간에 견해 차이는 없다. 솔직히 말해 라수엔의 부정적 평가에 대해 모든 스페인인들은 동감하고 있다. 다만 선교사와 군 그리고 정착민 사이의 논쟁은 그 목표가 아니라 방법에 있었다.

우리 선교팀에게 가장 어려운 문제는 이 야만인을 어떻게 인간으로, 기독교인으로, 문명인으로, 근면한 사회인으로 변환시키느냐 하는 것입니다. 이는 오직 이들을 자연에 역행하도록 함으로써만 가능합니다. 이것이 얼마나 어려운 일인가 하는 것은 이것이 그들을 본능에 반하여 행동하게 함을 이해하면 알 수 있습니다. 그러나 이것은 그들 자신이 인간이라고 하는 것을 깨닫도록 끊임없이 인내로 노력함으로써 성공하고 있습니다. 그들은 그들이 오르던 합리적 제한에 순응하기까지 기다리며, 그들이 개종 후 경과한 시간의 장단에 따라 관용으로 혹은 다소 엄하게 훈육하고 있습니다.

이들은 이들이 현재의 삶이 이교도 시절과 비교하여 얼마나 개선되었는지 잘 알고 있습니다. 이교도의 삶이란 많은 사람들이 보살핌을 받지 못하고 죽고, 또 많은 사람들이 굶어 죽는 그런 것이었습니다.

우리는 이런 점에서 여자들이 얼마나 달라졌는지 잊으면 안 됩니다. 원주민의 생활에서 그들은 이마에 땀을 흘려 봉사만을 해야 하는 남자의 노예와 같은 존재였습니다. 공격 혹은 춤으로 온 밤을 지새우고 돌아와서, 혹은 아침 내내 놀고, 혹은 밤새도록 자고나서 돌아 왔을 때 음식이 준비되어 있지 않으면 남자들에게 죽기까지 짓밟히는 그런 존재였습니다.

결국 1805년 다른 정보도 수집 한 연후에 총독은 호라 신부의 주장에 대해 '근거없다'고 결론을 내렸다. 그러나 그 때는 라수엔 신부와 보리카는 이미 죽었고, 호라 신부는 스페인으로 돌아간 후였다.

13

인디언의 저항

원주민의 반발

인디언들의 삶은 미션이 있기 전 인디언들의 삶과는 엄청난 변화였다. 많은 부족들이 이 변화를 받아들였으나 어떤 부족은 이에 적응하는데 문제가 있었고, 어떤 부족은 전혀 미션에 합류하지 않았다. 또한 일부 개종 인디언의 지도자들이 미션에 대해 이를 '영적 정복'으로 인식했고 이에 대해 반발했다. 또한 엄격한 규율, 즉 범법자에 대한 처벌, 군인들의 매질 등에 반발했다. 또한 교회와 미션 숙소에 있는 값진 물건들이 문제의 원인이 되기도 했다. 당시 인디언들에게는 그가 소유한 물품의 수량과 가치가 리더십의 결정적 요인이었기 때문이다. 또한 모든 미션은 그 영지 바로 밖에 개종하지 않은 인디언들이 살고 있었고, 이들은 언제든지 개종 인디언들을 괴롭히거나 반란을 부추길 수 있었다.

스페인인들의 통치에 대한 인디언들의 반발은 여러 가지 형태였다. 대체로 그 저항은 매우 소극적인 것이었다. 공식적으로 허가된 외박을 나가 돌아오지 않는다거나 마음을 바쳐 열성적으로 일하지 않는 것이다. '게으름'에 대해 매를 치는 일이 자주 있었는데 이것은 바로 이러한 저항이 흔했음을 반증하는 것이다. 또 다른 형태의 저항은 말을 훔쳐 정규군이 이를 추적하기 위해 출동하게 만드는 것이다. 혹은 건물에 불을 지르거나, 곡물을 태우거나, 가축을 흐트러뜨리는 등의 저항이었다.

산타크루즈 미션의 퀸타나 신부는 인디언들을 잔인하게 벌을 주다가 원한을 사서 살해당했다. 또한 샌프란시스코 미션은 일반적으로 인디언을 엄하게 다뤘다고 알려져 있는데 아마도 적과의 접경 지역이어서 그렇지 않았나 생각된다. 아무튼 샌프란시스코 미션에서는 많은 도망자가 발생하여 문제가 되곤 했다. 이렇게 도망간 인디언들이 산 화킨 밸리 지역에서 살면서 문제를 일으켜 산 호세 미션은 이들을 토벌하는 기지가 되었었다. 또한 산타 바바라 해협에서는 대규모의 저항도 있었다.

미션의 질서를 유지하기 위해 각 미션에는 10명 정도의 경비 병력이 있었다. 더 많은 병력이 필요한 경우에는 샌디에이고, 산타 바바라, 몬테레이, 샌프란시스코 등의 기지로 부터 지원을 받았다.

샌프란시스코 미션에서는 1795년 갑자기 많은 수의 인디언이 미션을 떠나기 시작했다. 그 직접적인 이유는 1795년 돌기 시작한 역병이었다. 단티(Antonio Danti) 신부는 이들 도망 인디언을 잡아들이기 위하여 수색대를 편성하였다. 이들 수색대가 많은 도망 인디언이 숨어 있는 인디언 마을에 도착하였을 때 충돌이 일어나 7명의 수색 대원이 죽었다. 단티는 이를 감추려 했지만 많은 미션 인디언이 이를 알게 되었으며 그해 여름에는 인디언들의 도주가 더욱 늘어났다. 여름이 끝날 무렵에는 280명이 도망갔다.

인디언들에 대한 심한 처벌로 이미 악평이 나 있고, 또 이에 대해 보리카에게 지적까지 받었던 단티 신부를 라수엔 신부는 1796년 6월 해임했다. 라수엔 신부는 그 후임으로 페르난데즈(Jose Maria Fernandez) 신부를 임명하였다. 이 새로운 신부는 곧 동료 수도자들의 인디언에 대한 처우에 불평을 하기 시작했다. 동료들에 대한 그의 불평은 곧 공개적으로 알려지게 되고 샌프란시스코 프레시디오와 지사에게도 알려지게 되었다. 라수엔 신부는 직접 샌프란시스코에 가 보아야 했다. 그는 다른 신부들에게 인디언들을 보다 관대하게 처리할 것을 지시하고 또 페르난데즈 신부에게는 동료들에 대한 불평을 공개적으로 말하지 말 것을 지시하였다.

그 후 약 1년간 조용했다. 그러나 1797년 초여름 다시 터졌다. 페르난데즈와 함께 있는 신부 에스피(Jose de la Cruz Espi)와 란대타(Martin de Landaeta)는 샌프란시스코 만 건너편으로 도망간 인디언들을 잡아오기 위한 수색대를 보내기로 하였다. 이들은 이번 수색대가 1년 전 수색대가 실패한 것을 해결할 것으로 기대했다. 이들은 이러한 수색을 엄격히 금하는 보리카의 명에도 불구하고 바하 캘리포니아에서 데려온 인디언 라이문도(Raymundo)에게 이 일을 맡겼다. 그러나 이 수색도 실패했다. 이 사실이 알려지자 페르난데즈는 멕시코시티로 송환되고 말았다. 그러나 이 사건은 미션에서 사제들 사이에, 사제와 군, 또 사제와 미션 인디언들 사이에 항상 긴장이 있었음을 반증하는 것이다.

산타 바바라에서의 반란

1824년까지 산타 바바라 지역의 원주민인 추마시 족은 거의 세례를 받지 않고 있었다. 그럼에도 불구하고 1782년 그토록 염려했던 인디언들의 반란은 그 후 42년 동안 일어나지 않았다. 백인(gente de razon)들의 오만함이 아니었다면 1824년의 이 불행한 일도 피할 수 있었다.

반란은 미션이나 미션 시스템과는 무관한 것이었다. 스페인에 대한 멕시코의 독립으로 그 경제적 요소들이 매우 악화되어 있었던 바, 이러한 미션 외적 요인에 기인했다고 봐야 한다. 1811년 멕시코가 독립을 선포한 이후 멕시코로부터의 보급과 군인들의 급료 지급이 끊겼다. 프레시디오에서는 미션에 식량과 의복 등의 보급품의 지원을 요청하였고 여기에 대해 프레시디오는 미션에 차용증을 써줬으나 이 대금은 지급된 적이 없다. 미션 말기에 프레시디오는 미션에 50만 페소 이상을 빚지고 있었다.

이러한 여건에서 1800년에 설정된 합리적 노동 조건은 지켜질 수 없었다. 인디언들은 프레시디오가 필요한 것들을 생산하기 위해 더 열심히 더 오래 일할 수밖에 없었으나 이러한 오버타임에 대해 군인들은 그들 자신들도 지급받는 바가 없으니 지급할 리가 없었다. 또한 파드레들은 인디언들을 과도하게 노동시키지 않으면 안 되는 상황에 몰렸다. 그러나 군인들이 인디언들의 노고에 대해 감사하게 생각하고 그렇게 대해 주었다면 별 일이 없었을 것이다. 반란의 직접적 동기는 1824년 2월 21일 산타 이네즈 미션의 경비병 코타(Valentin Cota) 상병이 푸리시마(Purisima) 미션의 인디언을 오만하게 대하고 또 매를 친 데서 촉발되었다. 24시간 안에 3개의 미션의 인디언들이 무기를 들고 일어섰다.

반란의 확산

산타 이네즈 인디언들은 우리아(Uria) 신부와 함께 성당 뒤쪽 건물에 피신해 있는 경비병들을 공격했다. 인디언 두 명이 살해되었다. 인디언들은 건물에 불을 질렀고, 제의실의 지붕을 태웠다. 성당은 타지 않았다.

산타 이네즈의 인디언 전령이 산 마르코스 오솔길을 통하여 산타 바바라 미션으로 갔다. 그는 일요일 미션에 도착하여 간부 안드레스(Andres)를 찾았다. 그는 산타 이네즈 사태를 과장하여 전했다. 얼마 후 리폴(Ripoll) 신부는 산타 바바라 미션의 인디언들도 봉기하였다는 소식을 접하였다. 게라(de la Guerra) 사령관은 부하를 거느리고 미션으로 올라갔다. 여기서 전투가 발생하여 네 명의 군인이 부상을 입고, 두 명의 인디언이 죽고, 세 명은 부상을 입었다가 그 중 하나는 다음날 죽었다. 그 후 사실상 인디언들은 미션을 떠나 산으로 들어갔다. 게라는 이 소식을 듣고 군인 열 명을 보내 돌아보게 하였다. 이들은 여기서 밀을 싣고 가는 인디언을 발견하고는 사살하였다. 다음날(월요일) 게라는 다른 분대를 보냈다. 이들은 네 명의 인디언들을 발견하고 역시 모두 사살했다. 다음날(화요일) 기지에서는 마이토레나(Maitorena) 소위의 지휘 아래 다시 군인을 보냈다. 이 소위는 병사들에게 인디언 마을을 약탈할 것을 허락했고 병사들은 인디언 마을을 닥치는 대로 약탈했다.

인디언들은 더욱 먼 곳으로 도망갔다. 그러나 리폴 신부와는 계속 연락을 유지했다.

사령관의 하인 인디언 둘이 도망을 해 인디언들에게 갔고 기지에서 일어난 일에 대해 설명하였다. 인디언들은 더욱 먼 곳, 산 화킨(San Joaquin) 계곡까지 도망갔다. 이들은 나이든 사람이나 병자도 데리고 갔다.

토벌

아르게요(Luis Antonio Arguello) 지사는 에스트라다(Mariano Estrada) 중위에게 토벌군 109명을 주어 라 푸리시마 미션으로 보냈다. 게라 대위도 병력을 이끌고 올라왔다. 전투는 3월에 시작되었다. 그러나 인디언들의 무기란 백인들의 무기와는 비교가 되지 않는 것이었다. 게라는 파브레가트(Narciso Fabregat) 중위에게 80명을 주어 툴라레(Tulare)로 급파하였다. 군대는 4월 9일 도망자들과 마주쳐 전투를 벌였다. 네 명의 인디언이 죽고 세 명의 군인이 부상을 입었다. 파브레가트는 포로 없이 돌아왔다.

아르게요 지사는 2차 원정을 준비했다. 미션의 프리펙트(Commissary-Prefect)의 직책에 있던 사리아(Vincente Francisco de Sarria) 신부는 중재에 나서 인디언들에 대한 전면적인 사면을 요구했다. 아르게요도 동의했다. 사리아는 산 미구엘 미션에서 두 명의 인디언에게 사면을 받아들이고 미션으로 돌아오라는 서신을 주어 도망간 인디언들에게 보냈다.

인디언들은 항복에 동의했고, 사령관 역시 인디언들에게 모두 사면됨을 확약했다. 군은 6월 16일 인디언들을 데리고 산 화킨 계곡을 출발하여 돌아왔다. 다음날 이들은 노상에서 코르푸스 크리스티(Corpus Christi) 축제를 지냈다. 그들은 21일 미션에 돌아왔다.

반란에 대한 교회의 입장

반란의 책임소재를 따지기 위해 1824년 5월 5일 사리아에게 제출한 보고서에서 리폴 신부는 "나는 인디언들이 내가 정상을 참작해 주기를 원하는 만큼 잘했다고 주장하는 것은 아니다. 그러나 확언할 수 있는 것은 이것이 이런 살상을 할 만큼 심한 것도 아니며, 또한 이런 큰 파괴를 정당화할 만한 이유가 있는 것도 아니다."라고 말했다.

리폴 신부는 만약 반도들이 산타 바바라에서 살육하고자만 했다면 아무도 막지 못했을 것이라는 점을 지적했다. 또한 사태가 더 악화하지 않은 것에 대해 인디언 간부 안드레스의 노고를 특히 강조했다.

리폴은 기지가 반란의 원인을 제공하였음을 지적하였다. 군인들이 인디언들의 정원과 농장을 짓밟고 또 나이든 사람을 함부로 때렸기 때문이다. 리폴은 "누가 상병 코타(Cota) 에게 이 같은 초법적 전제적 권한을 주었는가?(인디언들에게 매를 친 것을 의미) 이는 지사의 명에도 명백히 위반된다. 또한 이 같은 사실에 대해 인디언을 대신하여 신부들이 말을 하면 왜 듣지 않는가, 왜 경멸 하는가."라고 항의하고 있다.

리폴은 "인디언들이 교회를 잠그고 그 키를 넘겨주며 '신부님 키를 받으십시오. 우리의 전쟁은 교회나 하느님의 종에 대한 것이 아닙니다.'라고 말하던 것을 생각하면 눈물을 흘리지 않을 수 없다."라고 기록하고 있다. "실수는 모두에게 있었다. 그러나 사람들은 '이성의 사람들(백인을 의미하는 스페인어)'이 실수를 적게 저질렀을 것을 기대하지 않겠는가."라고 그는 말하고 있다.

산 호아킨 밸리의 반란

1820년대 산 호세 미션은 캘리포니아 지역에서 산 루이스 레이를 제외하고는 가장 큰 인디언 인구를 가지고 있었다. 약 1,700명의 인디언으로 연간 밀 6,000부쉘, 옥수수와 보리 각각 1,500부쉘을 수확하고 있었으며, 말, 양, 소 각각 10,000 마리 이상을 보유하고 있었다. 라키삼네(Lakisamne- 요쿠츠(Yokuts)족의 일부) 족의 마을은 미션에서 동쪽으로 약 50마일 떨어진 곳이었는데 1820년대에 미션으로 들어올 것으로 예상되고 있었다.

에스타니슬라우(Estanislao)는 원래 목동이나 당나귀 조련사, 혹은 둘 다 맡고 있다가 간부가 된 사람이다. 그는 똘똘하여 두란 신부의 신임을 받고 있었다. 그러나 그는 여러 개종 인디언들과 함께 1828년 11월 인디언 마을을 방문하기 위해 떠났으나 돌아오지 않았다. 샌프란시스코의 마티네즈(Ignacio Martinez)는 소토(Antonio Soto) 지휘 아래 수색팀을 파견하였다. 라키삼네 족은 미션에 합류할 의사가 없었으며 오히려 그들을 복귀시키려는 수색대를 쫓아 낸 후 요새를 구축하고 있었다.

이듬해 봄 인디언 토벌의 베테란 산체스(Jose Sanchez)의 지휘 아래 군인 30명, 인디언 보조 70여명으로 구성된 토벌대를 파견하였다. 그러나 에스타니슬라우와 산타 클라라 미션에서 도망 온 인디언들로 보강된 인디언 수비대들은 스페인 토벌대를 물리쳤다. 산체스 팀은 철수할 수밖에 없었다.

마티네즈는 몬테레이 프레시디오의 발레호(Mariano Guadalupe Vallejo)에게 두 프레시디오와 인근 미션의 경비병으로 구성된 연합부대의 지휘를 맡겨 수색팀을 다시 편성하였다. 발레호의 일백여 병력은 5월 26일 출발하였다. 발레호는 인디언 마을에 도착하여 마을의 일부는 불을 지르고 반대편을 공격하였다. 그러나 인디언을 격퇴할 수는 없었다.

이튿날 아침 발레호가 공격을 재개했을 때 진지에 인디언들은 없었다. 발레호는 10마일 떨어진 곳에 구축해 놓은 다른 진지로 철수한 이들을 추적하였다. 발레호는 같은 전술로 이들을 공격했으나 결과는 같았다. 군대는 몇 명의 생존자를 잡았으나 대부분의 저항군은 이미 도망간 이후였다. 군인들과 그 인디언 보조 부대는 노인과 부녀자를 포함한 대부분의 생존자들을 학살했다. 그리고는 승리를 선언하고 산호세 미션으로 돌아왔다. 이 전투에서 멕시코군 사망자는 없었다. 인디언 사상자의 수도 분명치 않다. 두란 신부는 인디언 학살에 대해서 강력히 항의했다.

에스타니슬라우는 내륙으로 들어가 저항을 계속했다. 그러나 그와 그 동료들은 결국 미션으로 돌아온 것 같다. 거기서 이들은 두란 신부의 적극적인 보호를 받았다. 에스타니슬라우는 1839년 미션을 덮친 역병으로 사망한 것으로 보인다.

14 멕시코의 독립, 정치적 혼란, 세속화 압력

정치적 환경의 변화

알타 캘리포니아 미션은 사실 스페인 제국의 쇠퇴기에 설립되었다. 2세기 반 동안 세계를 호령하던 스페인은 당시 내적으로는 식민지들의 독립 압력과 외적으로는 신흥 제국 영국, 프랑스, 네델란드 등의 도전에 직면해 있었다. 당시 세계는 이성의 시대로 접어들고 있었으나 스페인은 여전히 중세에 머물고 있었다. 마녀사냥은 계속 되었고 1787년까지도 마녀를 화형 시켰다. 교회의 권위는 절대적이었으며 교회의 승려 계급이 신대륙 개척의 중요한 축을 담당하고 있었다. 교회의 자세는 신대륙의 영혼들을 교회를 통해 구원하겠다는 일념으로 뭉쳐 있었으나 이는 다분히 중세적, 십자군적인 것이었다.

유럽에서는 1804년 나폴레옹이 황제에 즉위했다. 1805년 스페인은 프랑스와 연합함대를 구축하여 영국 해군과 싸웠으나 패배했다. 1808년에는 나폴레옹이 스페인을 점령함에 따라 반도 전쟁이 야기되었다. 이 결과 스페인은 영국군과 프랑스군의 전쟁터가 되었고 사회의 기반 조직이 와해되었다. 스페인의 식민지 장악력은 현저히 약화되었다.

멕시코의 정변

스페인의 식민지는 기본적으로 자급자족 체제였고 이는 독립에 한발 다가서 있는 것이었다. 멕시코의 히달고(Miguel Hidalgo)는 1810년 9월 16일 스페인에 대하여 독립을 선언하였다. 히달고는 체포되어 처형되었으나 그 추종세력은 모랄레스(Jose Maria Morales)의 지도아래 결집했고, 칠판신코(Chilpancingo) 의회는 1813년 11월 6일 독립선언서에 서명했다. 모랄레스도 1815년에 체포되어 처형되었으나 게릴라식 저항은 이후 계속되었다.

멕시코의 독립운동은 1821년 예측하기 어려운 상황으로 되어 가고 있었다. 1819년 아포다카(Juan Ruiz de Apodaca) 총독은 반란에 대해 통제의 가닥이 잡혀가고 있다고 보고하고 있으나 본국의 상황이 오히려 이를 방해하고 있었다. 바로 그 이듬해 신세계로 향하던 병력이 카디즈에서 반란을 일으켜 마드리드로 진군하였다. 거기서 이들은 다른 수비대와 1808년에서 1812년까지 프랑스에 대항해서 싸웠던 베테란들과 합류하였다. 이들은 왕에게 1812년 진보적 헌법의 승인을 천명할 것을 요구하였다. 나폴레옹과의 전쟁의 와중에 작성된 이 헌법은 주권이 국민에게 있음을 확인하고 있다. 이는 또한 권리 장전과, 반 성직자 조항을 포함하고 있다.

멕시코의 보수적인 크리올(멕시코에서 태어난 스페인인)들은 이러한 1812년 헌법의 과격한 요소들이 신대륙으로 넘어올 것을 우려하여 반란군 지도자 게레로(Vincente Guerrero)와 보수적인 체제로의 독립을 협상하고 있던 이투르비데(Agustin de Iturbide)를 지지하기로 하였다. 1821년 이투르비데와 게레로는 이구알라(Iguala) 계획에 합의했는데 이는 멕시코에 세 가지를 보장하고 있는바 독립, 가톨릭, 평등이었다. 멕시코는 1821년 8월 24일 이투르비데(Iturbide)와 스페인군 사이에 코르도바 조약에 서명함으로써 독립을 쟁취했다. 이어서 1822년 5월 19일 멕시코 의회는 이투르비데를 황제로 선출하였다.

멕시코의 독립 소식이 전해지자 몬테레이에서는 솔라(Sola) 지사에 의해 회의가 소집되었다. 이 회의에는 사리아 신부, 파예라스(Payeras) 신부, 게라(Jose de la Guerra) 이밖에 캘리포니아의 저명한 인사들이 참석하였다. 이제 캘리포니아는 이투르비데 황제 통치 아래 있게 되었다.

솔라는 캘리포니아 대표로 멕시코 의회로 가고 아르게요 대위가 지사를 대체하게 되었다. 프란시스코 수도회의 본부 격인 산 페르난도 대학은 1821년 10월 31일 새로운 정부에 충성 서약을 했다. 중앙정부는 페르난데즈(Augustin Fernandez) 신부를 캘리포니아로 보내 파예라스 미션 회장을 비롯한 성직자들의 충성을 확인했다.

멕시코의 혼미

그러나 이투르비데 정권은 오래가지 못했다. 정변은 계속 이어져 1823년 2월 1일 이투르비데는 양위하고 망명하기에 이르렀다. 이투르비데 정권이 실각했을 때 국회는 새로운 헌법을 만들었다. 양원제와 의회에서 대통령을 뽑는 연방제였다. 언론과 출판의 자유가 보장되는 진보적 헌법이었다. 그러나 보수적인 중앙집권제의 주장자들도 영적 문제에 대한 가톨릭의 독점권과 군인과 성직자가 민간 법정에 서지 않는 예외를 인정받을 수 있었다.

반란군 지도자 빅토리아(Guadalupe Victoria)가 대통령에 선출되었다. 아르게요는 1825년 2월 13일 지방의회를 몬테레이로 소집하였다. 지방의회는 헌법을 비준하고 지지를 선언했다. 1825년 빅토리아는 에체안디아(Jose Maria Echeandia) 대령을 상하 두 개의 캘리포니아의 지사로 임명하였다.

빅토리아 대통령의 임기가 끝남에 따라 전직 반란군 지도자요, 진보적 후보자인 게레로(Vincente Guerrero)가 말썽 많은 선거를 통해 대통령을 인계 받았다. 많은 분파에 동감을 얻고 있는 보수주의자 부스타멘테(Anastasio Bustamante)가 부통령으로 선택되었다. 게레로가 스페인이 1829년 침공하였을 때 부여된 초법적 권한을 포기할 것을 거부하자 부스타멘테는 그를 전복시켰다. 게레로가 처형된 후 스페인 침략군과의 전쟁 영웅 산타아나(Antonio Lopez de Santa Anna) 장군이 부스타멘테 정권을 1832년 다시 전복시켰다. 1833년 산타아나는 진보 세력의 지도자 파리아스(Valentin Gomez Farias)를 부통령으로 하여 대통령에 선출되었다. 산타아나의 긴 정치 생애를 점철하는 변덕스러운 행보 중에 하나는 이때 산타아나가 베라크루즈의 저택으로 은퇴하였다는 것이며 파리아스가 권력을 인계 받았다.

새로운 행정부는 즉시 진보적 정책을 시행했다. 군대는 축소되고 장교도 민간 법정에서 면제가 되지 않았다. 교회를 약화시키는 법들도 통과되었다. 의무적 십일조는 폐지되었다. 정부는 앞으로 교황청이 아닌 정부가 성직자를 임명하겠다고 발표했다.

의회가 캘리포니아의 세속화를 표결한 것은 이런 맥락 속에서 였다. 파리아스 대통령은 이 법안에 서명하였다.

캘리포니아의 혼란

새로운 정부는 캘리포니아의 파드레들에게 다시 충성 서약을 요구하였다. 사리아 신부는 먼저 번 황제 정부에 대한 서약의 정의와 신의를 배신하지 않고는 새로운 서약은 할 수 없다고 거부하였다. 그는 다른 수도사들은 스스로의 양심에 따르도록 맡겼다. 사리아는 서약이 이제 노리개에 불과하게 되었다고 말하고 자신은(멕시코의) 독립에는 불만이 없다고 말했다. 중앙정부에서는 사리아의 체포 명령이 떨어졌다. 그러나 멕시코의 주교들은, 캘리포니아 미션의 파드레들에게는 다행스럽게도, 이들을 대체할 만한 사제들을 보유하고 있지 못했으며 결국 이 명령은 캘리포니아에서는 시행되지 못하였다.

산타 바바라의 리폴(Ripoll) 신부와 산 부에나 벤추라의 알티미라(Jose Altimira) 신부도 서약을 거부한 사제였다. 이들은 자신들의 결단으로 인한 추방을 각오하고 있었다. 에체안디아(Echeandia) 지사가 산타 바바라에 있었음에도 불구하고 이들은 1828년 1월 23일 비밀리에 미국 함정 하빙거(Harbinger) 호의 스틸(Joseph Steele) 함장의 도움으로 탈출하였다. 리폴은 10년, 알티미라는 9년을 캘리포니아에서 봉사했다.

그 이후 멕시코는 계속 내전 상태의 지속이었으며, 정권의 교체는 연례행사가 되었다. 그러나 여하튼 캘리포니아는 이제 새로운 공화국 밑에서의 시대가 시작되었다.

이러한 혼란 상태를 틈타 해적이 태평양에서의 스페인 거래를 침탈하려 하였다. 해적 보우카르드(Bouchard) 일행은 몬테레이를 약탈한 후 남쪽으로 내려왔다. 카리요(Sergeant Carlos Antonio Carillo) 하사는 레퓨지오(Refugio)에서 이들을 공격하였고 수명의 포로를 잡았다. 보우카르드는 더 남쪽으로 항해하여 산타 바바라에 닻을 내렸다. 그는 게라에게 사람을 보내 휴전의 뜻을 전했다. 이들은 포로를 교환한 후 철수하였다. 이 사건은 캘리포니아의 모든 계층을 단결시켰다.

몬테레이 프레시디오의 솔리스(Juan Solis)는 1829년 11월 반란을 일으켜 산타 바바라까지 진출했었다. 산 루이스 오비스포 미션의 마르티네즈(Martinez) 신부는 이들에게 식사를 대접한 것으로 인해 반역에 공범으로 몰렸다. 그의 체포는 요란스럽게, 또 교회의 성역을 침범하여 이루어 졌다. 당시 그의 나이는 64세이었으며, 통풍(Gout)를 앓고 있었다.

마르티네즈는 이는 오직 손님에 대한 캘리포니아의 관례일 뿐이라고 주장했으나 결국 재판에서 유죄 판결을 받고 3월 20일 추방이 결정되었다. 그러나 에체안디아의 후임으로 부임한 빅토리아(Victoria) 지사의 재수사로 마르티네즈의 불명예는 회복되었다.

두란(Narcio Duran) 신부가 캘리포니아의 여건을 묻는 부스타멘테 대통령에게 1830년 5월 10일 회신하기를 "선교사에 대해 무례와 경멸을 보이고, 미션과 인디언에게 말도 안 되는 요구를 한다."라고 답하고 있다. 멕시코의 정정은 계속 혼미를 거듭하여 내전이 계속 이어졌다.

정착민들과 미션

멕시코에서 캘리포니아로 오는 정착 자들이 늘어감에 따라 이들 정착민들은 미션의 땅과 그 가축을 탐냈다. 그들은 파드레들이 땅을 인디언들에게 넘겨주지 않고 너무 오랫동안 유보하고 있다고 주장하며 멕시코 정부는 인디언들을 파드레들로 부터 해방시켜야 한다고 주장했다. 즉 세속화를 집행해야 한다는 주장이다. 이는 형식적으로는 인디언을 미션에 묶어두어서는 안 된다는 의미지만 내용적으로는 미션이 관리하고 있는 토지를 개인에게 이양할 것을 요구하는 것이다. 멕시코의 정착민들은 이곳에 온지 2세대가 지났건만 직업이 없는 것이 문제였다. 당시 알타 캘리포니아의 토지는 모두 국가의 소유로 인디언이나 퇴역 군인에게만 불하가 가능했다. 1830년 이전에 캘리포니아에서 개인 소유의 부동산은 21건에 불과 했다. 이들 정착민들에게 선택이란 군인이 되거나 실직자가 되는 것이었다. 그러므로 그들은 세속화를 몹시 원했다.

세속화란 미션 인디언들의 자립이 가능할 때 미션의 행정을 또 다른 식민 조직인 푸에블로(Pueblo)에 인계하는 것을 의미한다. 세속화의 취지는 인디언이 충분히 교화되었을 때 이들을 종교적, 경제적으로 미션에서 해방시키는 것이다. 미션 인근의 마을은 푸에블로(시청)가 되며 인디언들은 국가의 완전한 시민으로서 그들의 경제적, 사회적, 문화적 일들을 책임 있게 처결하게 되는 것이다.

세속화 법에 따르면 정부는 미션의 재산을 신부들에게서 회수하여 인디언들에게 불하하게 되어 있었다. 미션의 토지는 다음과 같이 세 가지로 나뉘게 된다. 첫째, 마을의 목축과 농사를 위해 큰 몫을 공공 자산으로 떼어 놓는다. 둘째, 스페인 식 마을 운영을 위한 공공시설(예를 들면 공회당)에도 토지를 할당한다. 셋째, 마지막으로 각각의 인디언들에게 주거지와 충분한 토지가 주어진다. 인디언들이 토지나 건물을 원하지 않을 경우는 원하는 사람에게 팔 수 있었다. 미션의 다른 건물들은 푸에블로의 공공시설로 쓰이게 된다. 미션 소유의 곡물, 가축 등의 자산은 마을 행정관의 관리 하에 들어가 공공의 목적으로 쓰이게 된다.

그러나 이 같은 절차를 시행하려는 결정적 시도는 여러 해 동안 없었으며, 파드레들은 오히려 그들의 권한(기득권)에 개입하려는 정부의 이러한 노력에 저항했을 뿐이다.

결국 인디언들을 시민으로 만들려는 이러한 정책의 의미에 대한 이해 부족과, 파드레들의 가부장적 교육이 인디언들에게 자치 능력을 훈련시키기 보다는 영구히 미션의 보호 아래 두게 되는 것이라는 결론으로 멕시코 의회는 10년 이상 존속한 모든 미션은 수도회에서 주교의 관할로 이전하며 미션에 속한 인디언들은 민간법의 통제 아래 있어야 한다는 행정 명령을 발하게 된 것이다. 미션 토지의 반은 개종 인디언에게 분배되고 나머지 반은 팔아 스페인에 대한 국가 채무를 변제하도록 해야 한다는 것이다.

행정명령은 1813년에 발표되었지만 캘리포니아에서 발표된 것은 1820년이었다. 그러나 이때까지도 이 명령은 사문화 되어 있었다. 2년 후 캘리포니아가 멕시코 정부 관할로 들어가고 나서야 캘리포니아 정부에서는 이 문제에 대해 주의를 기울이게 되었으며 1933년 전면적인 세속화를 명령하게 된 것이다.

파드레들은 본래 미션이 잠정적 제도이었다는 것은 잘 알고 있었다. 그러나 파드레들은 인디언이 아직 성숙치 못했다고 즉각적인 세속화에 대해 반대했다. 미션은 1820년 7월 20일 지방의회에 미션 세속화 계획을 제출했고, 그해 8월 3일 채택되었다. 기지 인근의 마을은 푸에블로가 된다, 미션은 점진적으로 행정관 관할로 이관한다,

프란시스코 선교사들은 목회자로 남아 있는다는 등이었다. 지사는 이 계획을 9월 7일 중앙정부에 보냈다. 그러나 이 같은 체계적 절차는 결국 시행되지 못했다.

새로운 정착민

미션 세속화의 핵심은 광대한 미션 토지와 목장들의 소유권과 그 분배 문제였다. 1833년 멕시코 법은 이 문제에 대해 침묵하고 있다. 아마도 파리아스 대통령은 세속화는 캘리포니아 문제의 반에 불과하다고 생각했던 것 같다. 또 하나의 문제는 캘리포니아의 인구를 획기적으로 늘리는 것이었다.

멕시코 정부는 스페인 정부와 마찬가지로 이 북방 지역에 대해 관심을 쏟았다. 러시아뿐만 아니라 미국도 1803년 루이지아나 매입 이후 잠재적 위협이 되고 있었다. 1820년대 이후 스미스(Jedediah Smith)를 비롯한 많은 모피 교역자들이 멕시코 영토에 출현하는 것이 나쁜 징조였다. 1824년 빅토리아 대통령은 전직 지사 솔라를 포함하여 캘리포니아 개발을 위한 위원회를 설치하였다. 이 기구는 캘리포니아의 인구를 증가시키기 위한 상당한 노력을 할 것을 권고했다.

파리아스 대통령은 식민 인원의 구성 노력을 계속했고, 과달라하라의 히하르(Carlos Hijar)를 식민 인원 구성을 위한 디렉터 겸 피게로아를 대체할 알타 캘리포니아의 지사로 임명하였다. 군 통수권은 에체안디아 밑에서 사실상 부지사의 역할을 했던 파드레스(Jose Maria Padres)에게 맡겼다. 매우 모호한 법안이 서둘러 의회를 통과했고, 당시 캘리포니아의 대표였던 반디니(Juan Bandini)가 정착민 팀 구성을 맡도록 했다. 239명의 새로운 정착민(남자 105명, 여자 55명, 14세 이하의 어린이 79명)이 1834년 4월 멕시코시를 떠나 8월에는 캘리포니아를 향해 항해하였다.

그러나 캘리포니아에서 이들에 대한 영접은 매우 차가운 것이었다. 실상 전면적인 식민 법은 의회를 통과한 바 없으며, 히하르에게 준 마지막 지시라는 것이 매우 모호해서 피게로아나 지방의회가 이 법안을 거부할 충분한 빌미를 주었다. 또 정착민을 보낸 정부는 이제 실상 존재하지 않았다. 산타아나가 다시 돌아와서 정착민들이 멕시코시를 떠난 직후 의회를 폐쇄했다.

모든 문제는 토지였다. 칼리포니오(기존의 정착민)들은 세속화의 이 기회를 결코 새로운 이주자들에게 내놓으려고 하지 않았다. 이들은 히하르와 파드레스를 체포하여 추방하였다. 새로운 정착민들은 모두 뿔뿔이 흩어지고 말았다. 결과적으로 칼리포니오들은 스스로 원한다고 말해왔던 자유로운 사회를 건설하는 기회를 역설적이지만 스스로 방해했다. 이들은 학교 선생, 예술인 등 식민지 개발에 유용한 사람들로 그 후 10여년 캘리포니아의 개발에 많은 기여를 했기 때문이다.

15 세속화와 캘리포니아의 혼란

정착민 세력의 대두

1824년 멕시코의 신헌법과 에체안디아 지사로 대표되는 자유주의적 사상은 알타 캘리포니아의 새로운 세대에게 특히 매력적이었다. 이 신세대는 대부분 캘리포니아에서 태어났으며 자신들을 '땅의 아들' 혹은 칼리포니오(Californio, 캘리포니아인)이라 불렀는데 이는 이 땅과 그 장래에 대한 그들 자신의 소유권을 강조하기 위한 것이었다. 이들 젊은 세대는 미션과 그들의 부모가 봉직했던 프레시디오로 대표되는 과거와 단절하고 자유로운 제도와 경제의 새로운 캘리포니아를 건설하고자 하는 포부로 불타올랐다. 이들은 민첩하게 지방의회를 장악하고 그들의 관심사에 목청을 높였다. 지방의회가 1832년 제기한 '인디언들을 탄압하는 미션의 혐오스런 제도'에 관한 결의가 그 중 하나였다.

1820년대와 1830년대는 이들에게 매우 바쁜 시기였다. 그들의 할아버지 혹은 아버지는 상병 혹은 하사관이었으나 이 새로운 땅에서 신분을 높였으며 유지가 되었다. 그들과 그들의 가족들에게 알타 캘리포니아는 멋진 신분 상승의 기회의 땅이었다. 이들은 기회를 잡고 땅을 소유할 수 있기를 갈망했다. 피코(Pio Pico)는 이러한 세대의 선두주자였다. 그 아버지는 샌디에이고 프레시디오에서 복무했으며, 산 루이스 레이 미션에서 경비병으로 근무했다. 피코는 미션에서 자랐다. 그는 20대 시절에 이미 지방의회의 의원이었으며 매우 강력한 지도자가 되었다.

캘리포니아의 진보적 젊은이들의 중요한 목표는 미션의 세속화를 속히 집행하는 것이었다. 이들 개혁주의자들은 미션 제도에서 불가피한 강제 노동, 또한 인디언들을 이 제도를 통하여 주류 사회로 가도록 허락하는데 인색했던 선교사들에 대해 분노했다. 멕시코시와 캘리포니아에서는 인디언 문제에 대한 새로운 접근 방법이 진보주의자들에게 큰 의제였다. 이들은 1813년 멕시코 의회에서 미션 제도의 종식을 주도하였다. 에체안디아는 세속화와 인디언 해방을 위한 기본적 작업에 착수했으며, 퇴임하기 전 이런 문제들에 대해 공식적 행정 명령을 발행했다. 이 명령은 카르멜 미션과 산 가브리엘 미션을 비롯하여 모든 미션은 5년 내에 세속화해야 한다는 것과, 또 세속화는 미션 인디언과 멕시코 인을 위한 것이며 인디언들에게는 토지와 농기구가 분배되며, 인디언 학교도 설립된다는 것 등이었다.

한편 반디니는 캘리포니아 식민지의 제도가 그 수명을 다했다고 보며 알타 캘리포니아가 개인적 농장 경제가 될 것이라고 내다보았다. 그는 인디언의 복지는 세속화 과정을 통해 별 볼 일 없이 되고 말 것이라고 인디언에 대해 부정적 견해를 예측했다. 미션 시스템이 끝나면 그들이 감당해야할 엄청난 사회적 경제적 불평등의 여건 속에서 법적 평등권이란 의미가 매우 작아질 것이라는 것이다.

에체안디아 지사

1825년 첫 번 멕시코 태생의 캘리포니아 지사 에체안디아(Jose Maria de Echeandia)가 샌디에이고에 도착하였다. 그는 모든 선교사들도 서면으로 충성을 서약할 것을 요구했다. 그는 프란시스코 뿐 아니라 다른 모든 수도회에도 스스로 적임을 천명하고 일방적으로 세속화를 진행시키겠다는 결의를 밝혔다. 그러나 대부분의 수도사들은 사리아와 같은 이유로 서약을 거부하고 있었다. 그러나 신부 없이 미션의 운영이 불가능하므로 아무도 아직 추방되지는 않았었다.

에체안디아는 인디언들이 그들도 자유로운 사람이며 시민이라는 것을 알도록 유도했다. 몇 명의 사제도 참석했던 1826년 샌디에이고에서 열린 회의에서 지사는 "인디언들은 멕시코 시민이 된다. 자유를 원하는 인디언은 가까운 요새에 신분의 변경을 신청하라. 자격이 있다고 판정되면 사령관은 정식 서류를 미션을 통해 발급한다. 그러면 인디언은 어디를 가든지 자유이고 그의 이름은 미션의 기록부에서 지워진다."라고 말했다. 1826년 7월 25일 지사는 샌디에이고의 본부에서 결혼한 인디언으로서 기독교로 개종한지 15년이 넘고 스스로를 부양할 능력을 입증할 수 있는 사람은 자유롭게 미션을 떠날 수 있다고 선언하였다. 처음 샌디에이고에서 자격이 있는 인디언 55명 중 2명만이 이를 선택하였다. 그러나 일년 안에 많은 인디언들이 흩어지기 시작했다. 이듬해까지 23명의 개종 인디언들이 미션과의 연관을 끊었다. 당시 캘리포니아 전체를 통해 석공, 목수, 미장이, 비누 제조자, 무두장이, 구두장이, 대장장이, 제분장이, 제빵장이, 요리사, 벽돌장이, 마부, 수레 제조자, 직조장이, 방적장이, 안장장이, 농사꾼 등 훈련을 받은 인디언에 대한 수요가 많았기 때문이다. 2년 안에 카르멜 미션에서는 233명의 인디언이 미션을 떠났다. 결국 당시 미션은 프레시디오의 물자를 지원해야만 했으나 목장이나 농장을 돌볼 개종 인디언이 절대적으로 부족하게 되었다. 건물이 내려앉아도 이를 수리할 인력이 없었다.

이 계획은 전반적으로 실패였다. 많은 해방 인디언들이 기존의 정착촌 사회에 흡수되지 못하고 떠돌았다. 새로운 지사는 인디언 해방 선언을 발표하고 땅을 이 '해방된' 인디언 개종자들에게 돌려줄 것이라고 했으나 실제로 이것을 현실화 하려는 의도는 없었다. 약간의 상징적 토지만 인디언에게 주어졌을 뿐 좋은 재산은 모두 그의 정치적 친구와 친척들에게 나누어 주었다.

그러나 이러한 정책은 인디언들에게 자유에 대한 기대를 부추기는 결과를 낳아 그들도 그 권리가 실행될 것을 요구하기 시작하게 되었다. 물론 기율도 해이해졌다. 인디언들은 더 이상 신부에게 온순히 복종하지만은 않았다.

멕시코에서는 다시 빅토리아(Manuel Victoria)를 지사로 임명하고 세속화를 늦출 것을 지시했다. 그는 보수주의자로 에체안디아의 명령을 즉각 폐지하였다. 그러나 지방의회를 장악하고 있던 칼리포니오들은 이에 반발했다. 빅토리아는 의회의 소집을 거부했다. 대의정치에 대한 그의 이러한 탄압에 대하여 즉각 반대 세력이 형성되었다. 샌디에이고에서 일단의 그룹이 음모를 꾸몄다. 음모는 빅토리아의 권한을 정지시키고 지방의회가 이를 대체하며, 군과 민간정부에 대해 각각 지도자를 선출한다는 것이다.

빅토리아는 이를 진압하기 위해 몬테레이를 출발하였다. 그러나 그의 군대는 카후엥가(Cahuenga)에서 1831년 12월 5일 반란군에게 패했다. 그는 멕시코로 철수했다. 사실상 캘리포니아는 무법천지가 되어 가고 있었다. 빅토리아에 대한 반란을 주도했던 남쪽에서는 아직도 샌디에이고에 있는 에체안디아를 지사로 인정했다. 그러나 몬테레이에 있는 군인들과 일부 무역 상인들은 몬테레이의 사령관 자모라노(Agustin Zamorano)를 지지했다. 지방의회는 멕시코시에서 정식 지사가 다시 임명될 때까지 의회의 연장자 피코가 대리를 맡아야 한다고 주장하였다.

캘리포니아의 혼란

1831년 이후에는 사제들의 반대에도 불구하고 세속화는 가속되었다. 이러한 상태가 약 1년간 끌다가 1833년 1월 15일 피게로아(Jose Figueroa)가 새로운 지사로 부임하였다. 그는 자카테칸(Zacatecan) 프란시스코 수도사들을 대동하고 왔고 이들이 북부 미션을 인수하였다. 그가 의도하는 바는 스페인 사제를 멕시코 사제로 대체하려는 것이며 미션 토지의 통제를 성직자들의 손에서 벗어나게 하려는 것이었다. 두란(Narciso Duran) 신부는 산 호세 미션을 루비오(Gonzales Rubio) 신부에게 인계하고 산타 바바라로 왔다.

1833년 피게로아는 인디언들은 자유이고 멕시코 시민으로서 동등하다고 선언하였다. 1833년 8월 14일 멕시코 의회에서는 세속화법을 통과 시켰다. 1834년에는 산 후안 카피스트라노 미션을 포함한 10개 미션에 대해 즉각적인 세속화를 선언하였다. 1834년 11월 3일 캘리포니아 지방의회는 후속 조치로 모든 미션 재산을 압류하고 재물 조사를 실시할 것을 결정하였다.

피게로아는 재빨리 당면한 정치적 문제들을 해결하였다. 사실 칼리포니오들도 이 문제에 지쳐있었고 새로운 지사는 수개월 만에 폭넓은 지지를 받게 되었다.

피게로아 지사는 1834년 8월 수개의 규제 사항을 승인하였는데 이는 각 미션의 재산 처리와 인디언 푸에블로 10개를 건설하는 것과 집행할 행정관을 임명하는 것을 포함하여 여러 가지 사항이었다. 피게로아는 신속하게 각 미션에 행정관을 임명하였다.

미션의 붕괴

세속화령이 떨어지자, 어떤 미션은 즉시, 어떤 미션은 16년에 걸쳐 천천히 세속화가 진행되었다. 그러나 전반적 절차는 대체로 동일했다. 지사는 각 미션마다 행정관을 임명한다. 그의 임무는 미션의 재산과 소유를 처리하는 것이다. 즉 목장, 농장, 인디언에 대한 토지의 분배, 인디언 푸에블로의 설립 등이다.

정상적이었으면 법에 따른 체계적 인계가 가능했을 것이다. 그러나 실상은 그렇지 않았다. 멕시코 공화국 설립에 따른 내전으로 계속적인 혼란기였다. 어떤 행정관은 정직하게 그들의 임무를 수행하려 했지만, 많은 사람은 행정관의 직책을 미션의 재산을 팔거나 혹은 미션의 토지나 가축을 착복함으로써 부를 만들 수 있는 기회로 여겼다. 스페인 출신 신부는 추방되었고, 또한 공식적으로 토지를 소유할 수 없었던 멕시코 정착민들이 인디언으로부터 토지를 살 수 있게 되었다. 관리들은 미션의 토지를 회수하는 공식 허가를 받아 미션의 가축과 재산을 그들의 개인 명의로 돌리는 작업에 열중하였다. 욕심 많은 멕시코 관료들은 자신들이 이를 사거나 혹은 팔아서 그 돈을 챙겼다. 피오피코(Pio Pico)는 1835년 산 루이스 레이(San Luis Rey) 미션의 행정관으로 부임했다. 그는 미션 재산을 개인 것인 양 처리했고, 인디언들은 노예처럼 취급했다.

불평이 너무 많아 행정관을 에스투디요(Jose Antonio Estudillo)로 교체하였다. 그러나 새 행정관도 미션의 소유였던 목장을 자신의 소유로 바꾸고 퇴직했다. 결국 인디언들은 모든 것을 잃고 말았다.

미션의 보호가 없어지자 많은 미션 인디언들은 일을 중단하고 미션을 떠났다. 결국 미션을 이들 멕시코 정착민들과 새롭게 유입되고 있는 백인 정착민들의 탐욕에 방치함으로써 미션은 파괴되고 인디언들은 흩어지고 말았다.

치코 지사의 세속화 강행

피게로아가 이룩했던 알타 캘리포니아의 정치적 안정은 1835년 그의 사망 후 곧 깨어졌다. 멕시코는 연방제에서 중앙집권제로 바뀌어 1835년 10월 4일 헌법이 1824년 헌법을 대체하게 되었다. 또한 치코(Mariano Chico)가 지사로 임명되었다. 과나후아토(Guanajuato)의 의원이었던 치코는 이듬해 도착했으나 캘리포니아의 유지들과 잘 어울리지 못했다.

1835년 11월 7일 멕시코 의회는 미션 세속화에 대한 법령을 바꾸어 교구 신부들이 도착할 때까지 1833년 8월 17일 세속화 법의 집행을 중단 시켰다. 결과적으로 모든 미션의 업무는 1833년 법령 이전의 상태로 돌아가는 것을 의미했다. 또한 이는 1834년 8월 9일 피게로아의 조치를 무효로 함을 의미 했다.

그럼에도 치코는 산타 이네즈 미션과 산타 바바라 미션에 대한 세속화를 강행했다. 치코는 세속화에 방해가 되는 두란을 추방하고자 하여 추방 명령을 산타 바바라의 다나(William G. Dana)에게 보냈다. 또한 수명의 군인도 보냈다. 이들이 두란 신부를 아기레(Antonio Aguirre)의 배로 데리고 가자 산타 바바라 푸에블로의 부녀자를 비롯한 많은 사람들이 나서서 이를 저지 하고 신부를 실은 달구지를 미션으로 돌려보냈다. 이렇게 되자 1836년 7월 30일 치코는 멕시코로 돌아가 돌아오지 않았다. 보좌관 구티에레즈(Nicolas Gutierrez)가 그를 대신하였으나 1년 후 지역의회가 반발하자 그도 멕시코로 돌아가고 말았다.

연방제와 알바라도 정권

캘리포니아 태생인 알바라도(Juan Bautista Alvarado)를 중심으로 반란의 기운이 모였다. 1836년 11월 6일 몬테레이에서는 캘리포니아 당이 멕시코에 대해 만약 계속 탄압한다면 캘리포니아는 독립을 하겠다고 선언했다.

9일 카스트로(Jose Castro)를 대통령으로 하고 알바라도를 장관으로 하여 정부를 선포하였다. 알바라도는 12월 7일 대통령에 취임하였다. 산타 바바라 이남은 알바라도의 인정을 거부했고 산타 바바라는 보류했다. 알바라도는 남쪽으로 진군했다. 그는 산타 바바라 푸에블로로 가기 전 미션에 들렀다. 그는 두란과의 면담에서 '파드레들에게 맡겨져 있는 모든(미션의) 인디언들의 재산에 대해 적절한 시기에 세속화할 것을 정착민들과 약속했음'을 털어놓았다. 이에 대해 두란 신부는 매우 강한 어조로 과격하고 강제적인 변화는 문제를 야기한다고 말했다. 두란 미션 회장은 알바라도에게 인디언들과 그 보호자들의 권익을 존중할 것을 요청했다. 두란은 백인들의 기본 목적은 인디언의 토지, 재산, 그리고 인력을 소유하는 것이라는 것을 확신하게 되었다.

1837년 1월 6일 산타 바바라 인민과 의회는 알바라도 정부에 대해 충성을 서약했다. 3월 5일 그는 캘리포니아 의회를 소집하였다. 4월 11일 그는 중앙정부에 연방제를 채택하고 캘리포니아를 자율권을 가진 주로서 할 것을 청원하도록 법령을 발표 했다. 한편 멕시코에서는 1836년 12월 29일 연방제로의 환원을 채택했다. 알바라도는 캘리포니아 지사로 임명되었으며 중앙정부와는 평화가 회복되었다.

알바라도는 부정부패로 너무나 말이 많은 행정관 제도를 개혁하려 했다. 1839년 1월 17일 미션 행정관의 권한을 제한하는 법령을 발표 했다. 그는 행정관들에게 정부 감사관에게 감사 받을 것을 명했다. 더 이상 빚을 져서도 안 되고 더 이상 소를 허가 없이 도륙해서도 안 된다. 직조기는 다시 가동해야한다. 관리인들은 자신의 집을 짓고 미션에서 떠나야 한다는 등이었다. 알바라도는 행정관을 감독(Majordomo, 인디언 스스로 뽑는 감독)으로 교체하는 새로운 규정을 발행했다. 두란은 정부에 전적으로 협조하기로 약속하였다. 이 새로운 규정은 5년간에 5번째이었다. 그러나 알바라도 역시 그의 재임기간 6년 동안 엄청난 미션 재산을 친척과 지인들에게 양도하였다.

미션 토지의 분배

미션 토지의 양도

토지가 양도된 예를 보자. 1833년 피게로아 지사가 부임하고 세속화 법이 시행되자 카르멜 계곡과 해변을 따라 많은 토지가 불하되었다. 1834년 란초 로스 툴라르시토스(Rancho los Tularcitos) 목장 26581 에커를 고메즈(Rafael Gomez)에게 양도했고, 란초 엘 수르(Rancho el Sur) 목장 8949 에커를 알바라도(Juan Bautista Alvarado)에게 양도했다. 1835년 피게로아는 9월 죽기 전 란초 산 프란시시토(Rancho San Franciscito) 목장 8814에커를 문타스(Catalina de Munras)에게 불하했으며 또 산 호세 크리크에서 리틀 수르 강에 이르는 란초 산 호세(Rancho San Jose y Sur Chiquito) 목장 8814 에커를 곤잘레스(Teodoro Gonzales)에게 양도하였다.

최초의 현지 태생의 지사로 임명된 알바라도는 1836~1842 년의 재임 동안 28회의 토지 불하를 시행했다. 그의 첫 양도는 란초 엘 페스카데로(Rancho el Pescadero)의 목장 4426 에커를 바레토(Fabian Barreto)에게 양도하는 것이었다. 1837년 구티에레즈(Joaquin Gutierrez)에게 엘 포트레로 데 산 카를로스(El Potrero de San Carlos)의 4306 에커를 불하했고, 1839년 소토(Lazero Soto)에게 란초 카나다 데 라 세군다(Rancho Canada de la Segunda) 목장 4367 에커를 불하했고, 보론다(Jose Manuel Boronda)에게 란초 로스 라우렐레스(Rancho los Laureles) 목장 6624 에커를 불하한 것은 그 몇 가지 예에 불과 하다.

캘리포니아의 세속화 법에 따르면 미션 재산의 반은 해방된 인디언에게 나누어주고 나머지 반은 행정관에게 귀속되어 종교적 목적에 쓰이게 되어 있었다. 또한 한 세대에게는 400 평방야드 (324 m^2)의 텃밭을 배급하게 되어있었다. 그러나 이 인디언들의 '자유화'가 사실상 이 재산상의 분배를 무용지물로 만들고 이들을 노예에 가까운 처지로 만들고 말았다.

인디언의 낙오

산 후안 카피스트라노 미션이나 산 가브리엘 미션 같은 곳에서는 인디언들이 무리를 지어 전에 그들이 일하던 토지나 혹은 멀리 떨어진 목장 등의 소유권을 주장하였다. 산 루이스 레이 미션 같은 곳에서는 일부 정식 토지 소유권을 획득하기도 했다. 그러나 대부분 인디언들의 경우, 이는 매우 어려운 싸움이었다. 아주 적은 수의 인디언들이 토지의 개인 불하를 받았다 해도 점점 '대형 개인 농장'들이 압도하는 상황에서 스스로의 농장을 유지하는 것도 어려웠다.

부가 토지에 기초한 사회에서 그들의 예속은 약속된 것이었다. 캘리포니아의 연안 지역에서 살던 대부분의 인디언들은 개인 목장이나 푸에블로에서 임금 노동자로 일하는 수밖에 없었다. 알바라도 지사는 칼리포니오들에게 토지 소유의 제한을 풀어놓았다. 많은 사람에게 많은 토지를 양도하는 그의 관대한 토지 정책은 1830년대 지역을 분할시켰던 당파적 다툼을 종식시키는데 기여하였다. 그러나 더 많은 토지가 칼리포니오들에게 분배될수록 어쩔 수 없이 인디언들에게 돌아갈 토지는 작아질 수밖에 없었다.

인디언들은 낙오되고 말았다. 그렇다고 그들의 전통적 생활 방식으로 돌아갈 수도 없었다. 스페인과 멕시코 치하에서의 70년은 그들의 조상들이 삶던 방식으로 돌아갈 수 없게 만들었다.

16 세속화의 강행

미켈토레나 지사의 미션 복구 계획

1842년 미켈토레나(Jose Manuel Micheltorena)가 새로운 지사로 부임하였다.

새로운 지사는 1843년 몬테레이에 숙소를 정했다. 그는 미션을 프란시스코 수도회의 관할로 돌려놓는 1835년 11월 7일자 멕시코 법령에 효력을 부여하고자 했다. 이는 거의 완전히 파괴되어 가는 미션을 살리려는 마지막 시도였다. 복구되어야 할 미션은 12개이었으며 그는 "이제부터 전(세속화 이전)과 같이 성직자들이 인디언들의 보호자로서 관리를 해 갈 것이다."라고 발표했다. 개인에게 이미 양도된 토지를 회수할 수는 없었으나 가축, 공구, 법령의 시행은 회수될 수 있었다. 이미 해방된 인디언이나 개인과 계약을 맺은 인디언들을 제외한 흩어진 미션 인디언들을 다시 한 번 미션에 불러 모을 수 있기를 기대했다.

파드레들은 인디언들과 자신들을 위하여 필수불가결한 경비와 감독의 월급 또한 교회 전례의 집행에 필요한 경비 등을 미션을 통해 마련해야 했다. 또한 총 부가가치의 1/8을 지방 재정에 내야 했다. 유휴지나 꼭 필요한 경우를 제외하면 더 이상의 토지 불하는 중단되었다. 정부는 미션의 권리도 일반인들과 똑같이 보호해 주기로 약속하였다. 1843년 4월 3일 행정관들은 미션의 재산을 교회에 이관하도록 명령을 받았다. 9월 26일 미켈토레나는 이제 다시 신부들이 인디언들을 통솔할 것이기 때문에 백인 읍장(Alcalde)들은 범죄가 아니면 인디언들의 일에 끼어들지 말도록 주의를 환기 시켰다. 그러나 이제 대부분의 미션들은 인디언들이 흩어져 버린 후였다. 두란은 1844년 3월 18일 멕시코 정부에 산타 바바라 미션의 경우 인디언이 287명에 불과하다고 보고했다.

정착민들의 반발

4분 5열되었던 칼리포니오들은 이 새로운 지사에 대항하기 위해 재빨리 단합했다.

이들은 미켈토레나가 데려온 멕시코 군인들을 보고도 놀랐지만 지사의 세속화를 중단하려는 조치에 더 놀랐다. 예를 들면 그는 아직 개인들에게 불하되지 않은 미션 토지는 반드시 교회에 돌려주어야 한다고 말했기 때문이다. 칼리포니오들은 1844년 이후 지사에게 공개적으로 반기를 들었다. 1844년 8월 24일 지방의회는 산타 바바라와 산타 이네즈를 제외하고 미션을 팔거나, 담보로 잡히거나 대여해 줄 수 있도록 하는 계획을 채택했다. 산타 바바라는 주교가 있는 곳이고, 산타 이네즈는 신학교가 있는 곳이므로 존중되었을 뿐이다.

이때의 캘리포니아의 사태는 1831년 빅토리아 지사를 몰아낼 때와 동일하게 반복되었다. 미켈토레나는 카스트로(Jose Castro)가 이끄는 역모팀에 1945년 2월 20일 패했고, 22일 조약이 체결되고 멕시코로 철수했다. 피코가 임시 지사로 선포되었다. 피코는 행정팀의 교체를 미션에 알렸다.

세속화의 강행

1830년대와 마찬가지로 칼리포니오들은 정치와 군부의 지휘권을 분할하기로 하였다. 피코는 알타 캘리포니아의 정치 지도자가 되고 카스트로는 군대를 맡게 되었다. 피코와 카스트로는 알타 캘리포니아를 통치하는 데 합의점을 찾을 수 없었다. 카스트로는 '캘리포니아는 미국의 더 이상의 도발에 대비하기 위해 군사력이 필요하다'고 주장하였다. 피코는 가장 효과적인 방어력은 정부가 주민들에게 토지의 불하를 약속함으로써 주민들이 장래 토지 소유에 대한 희망을 갖게 하는 것이라고 응수하였다. 이 두 사람은 급속히 멀어졌다. 피코는 남아있는 미션 토지를 재빨리 서둘러 불하하기 시작했다. 그는 미션의 토지를 모두 불하하여 장래 다른 지사가 미켈토레나 같이 이를 취소할 수 없도록 하기 위한 것이었기 때문에 기술적 절차보다는 속도에 치중하게 되었다. 따라서 1845-1846년 피코의 불하는 법적으로 하자를 남기게 되었다.

피코는 산타 바바라의 두란에게 특사를 보냈다. 그들은 성직자들에게 말하기를 정부는 미션의 비참한 여건을 보는 것도 고통스럽고, 많은 인디언들을 애처롭게 생각한다고 말했다. 그러나 이제 미션 시스템은 계속 존속하기 어렵다고 말했다. 이제 정부는 미션의 완전한 붕괴를 피하기 위한 개혁에 관심이 있으며, 인디언들에게 재산에 대한 그들의 소유권을 돌려줌으로써 그들의 여건을 개선하고자 한다고 말했다. 번영하지 못하는 미션은 팔고, 다른 곳은 대여해서 그 수익을 원주민을 위해 사용해야 한다고 말했다. 피코는 그의 저서 '히스토리아(Historia)'에서 밝히기를 "이러한 일련의 조치에서 나의 주요 목적은 미션을 폐기하고 이를 푸에블로로 대체하는 것이다."라고 말하고 있다. 미션 의장 두란은 이들이 인디언들에게 자유를 강조하는 것은 인디언들의 자유에 대한 갈망을 폭발시켜 그들이 미션을 차지하는 것을 정당화하는 술책에 불과 하다고 생각했다.

1845년 5월 2일~23일 지사와 의회의 회합이 있었다. 5월 28일 일부 미션의 대여와 미션의 푸에블로로의 전환에 대한 법령이 통과되었다. 그 4조를 보면 "그 임대료의 반은 교회와 사제의 유지에 쓰고 나머지 반은 인디언들을 위해 쓴다."라고 되어 있다. 피코는 6월 5일 이를 공표하고 7월 1일 두란에게 통보했다. 두란은 7월 3일 미션의 재고 조사 결과에 대해 피코에게 통보했다. 해방에의 기대에 들뜬 인디언들의 행동은 거칠어지고 있었다. 두란은 사태의 진전에 너무나 실망한 나머지 1845년 8월 1일 피코에게 산타 바바라 미션을 임차인에게 하루라도 빨리 인계해 줄 것을 요구 하면서, "우리의 인디언 형제들이 옥수수 밭의 가축을 가지고 매우 못되게 행동하고 있습니다. 그들은 많은 암소뿐 아니라 일하는 황소마저 죽이고, 옥수수를 까마귀나 검정 새에게 넘기고 있습니다. 만약 임대가 늦어진다면, 어린아이와 같은 인디언들의 성품과 자유에 대한 큰 기대로 포도밭마저도 황폐화 될 것입니다."라고 말하고 있다.

피코의 토지 불하

1845년 10월 28일 피코는 로스앤젤레스에서 미션의 매각과 임대에 대한 법령을 발표했다. 임대에 포함되는 것은 전적으로 미션 인디언들에게 속한 땅을 제외한 모든 토지, 옥외 재산, 농사 장비, 포도밭, 과수원, 작업장, 미션 소유의 재고 등이었다. 또한 임대에서 제외되는 것은 교회와 그 부속실, 또한 사제의 숙소나 학교 같은 부속 건물이었다. 임차인은 임대와 함께 인계된 모든 설비에 대한 사용권이 있었다. 임대료는 분기별로 지불한다. 임차인은 인수하기 전에 보증금을 지급한다.

피오 피코는 1845년 산 후안 카피스트라노 미션을 공개 경매 형식을 통해 처남 존 포스터(John Forster) 및 제임스 맥킨리(James McKinley)에게 $710에 팔았다.

그는 산 루이스 레이 미션에 남아있는 토지 등의 재산을 $2437에 처분했다. 그러나 당시 이 미션 토지의 실제 가치는 대략 $200,000이었다. 건물은 1846년에 팔렸다. 또한 피코는 산타 바바라 미션을 덴(Richard S. Den)에게 팔았다.

인디언에게 토지 분배

1846년 1월 14일 두란은 피코에게 다음과 같이 보고했다. "산타 바바라 미션은 전부 임차인에게 인계되었고 인디언들은 해방되었습니다. 인디언들에게는 규정에 따라 조그만 토지가 분배 되었습니다. 이 모든 것이 임차인과 합의 하에 이루어졌고 모두 만족하였습니다." 두란은 정부의 책임 있는 사람이 토지를 받은 인디언들에게 소유권에 대한 증서를 발급하여 '언제든 인디언들의 법적, 개인적 소유권의 증거'가 되도록 해달라고 제의했다.

인디언은 자유로 선언되었고, 미션 근처를 포함하여 어디든 거주할 수 있었다. 이들은 이제 일반법과 경찰에 의해 통제되었다. 미션에 남아있는 인디언은 스스로 질서유지를 위해 1월 1일 간부를 뽑고, 이는 백인 판사에게 종속됐다. 이미 자신이 사는 집과 정원 등 토지를 소유한 인디언은 이에 대한 소유권 명의를 신청하여야 했다. 일단 소유권이 이전되면 양도할 수 없었다. 두란은 11월 16일 새로운 규정의 사본을 받았다.

캘리포니아의 역사에서 두란은 그가 인디언의 권익에 최선이라고 생각하는 바를 위해 끝까지, 매 스텝마다 싸운 큰 이름이었다. 캘리포니아는 이미 송장이었고, 두란은 그 장의사였다.

멕시코 정부의 세속화 중지 명령과 피코의 묵살

멕시코 정부에서는 피코의 임대와 판매를 알게 되었을 때 이를 승인하지 않고 중지를 명령했다. 그러나 이 명령이 1846년 봄에 피코에게 배달되자 피코는 이를 묵살하고 말았다. 그러나 멕시코 정부는 이미 그 통제력을 잃어버렸다. 멕시코는 1846년 한 해 동안에만 대통령이 4명이 있었고, 전쟁 장관은 6명, 재무 장관은 16명이 있었다.

멕시코 치하에서는 스페인의 토지 불하 방법이 확대 적용되었다. 1824년과 1828년에 토지는 원칙적으로 모두 국유이고, 지사는 이를 다양한 사람들에게 불하할 권한이 있음을 천명한 법을 제정했다. 1834년까지 캘리포니아에는 50건 정도의 토지 불하만이 있었을 뿐이었다. 그 중 태반이 멕시코의 입법 이전의 법에 따른 불하였다.

토지 불하의 속도는 세속화 이후 특히 1838년 정치적 혼란이 중단되고 나서 대단히 빨라졌다. 전체 멕시코 통치 기간의 있었던 불하 900여건 중에 대략 절반이 1841년에서 1846년 사이에 이루어졌다.

미국의 침략

1845년 워싱턴 D.C에서는 타일러(John Tyler)대통령이 텍사스를 미국에 합병하는 법안에 서명했다. 멕시코는 이를 받아들이지 않았다. 또한 텍사스의 남서 경계선이 리오 그란데인지 여부도 분쟁의 대상이었다. 멕시코는 텍사스의 경계선은 항상 리오 그란데보다 150마일 북쪽인 누스(Nueces)강이었다고 주장했다.

1846년 포크(Polk)대통령은 테일러(Zachary Taylor)장군에게 이 두

강 사이의 분쟁 지역을 점령하라는 명령을 하달했다. 포크가 예상한 바와 같이 멕시코 군대는 발포하였다. 이에 포크는 의회에 미국인의 피를 미국 땅에서 흘리게 되었다고 선언하였다. 의회는 기다렸다는 듯이 멕시코에 대해 전쟁을 선포함으로써 1846년 5월 미-멕시코 전쟁이 발발하였다.

이런 와중에서도 피코는 남쪽에서, 카스트로는 북쪽에서 권력 투쟁에 몰두 했다. 1846년 6월 23일 피코는 미국의 침략에 무력으로 맞설 것을 호소했다. 그러나 일반적으로 무관심했다. 또한 너무 늦었다. 7월 7일 몬테레이에는 미국 국기가 올랐다. 1846년 12월 28일 산타 바바라에도 미군이 진주하였다. 당시 이곳 인구는 1,200명 정도였다.

카스트로와 피코는 남쪽으로 도주했다. 프리몬트(Fremont) 대령은 육로로 이들을 추적하여 7월 하순께 샌디에이고를 점령하였다. 해군의 스탁튼(Robert Stockton)은 8월 6일 산 피드로(San Pedro) 항에 도착하였다.

피코는 카후엥가(Cahuenga, 지금의 North Hollywood)에서 프리몬트에게 1847년 1월 12일 항복하였다. 항복 조건은 칼리포니오들은 더 이상의 적대 행위를 중단하고 고향으로 돌아가며, 대신 프리몬트는 그들의 생명과 재산을 보호해 주기로 약속하였다.

미국 국무부 관리 트라이스트(Nicholas Trist)와 멕시코 사이에 1847년 8월에 정전에 대한 협상이 진행되었다. 그 결과 과달루페 히달고(Guadalupe Hidalgo) 조약이 체결되었다. 이 조약 이후 현재 미국의 남서부(텍사스, 뉴멕시코, 아리조나, 캘리포니아등)는 미국령이 되었다. 이에 따라 캘리포니아에는 미군이 진주하게 되었다. 캘리포니아에 남아 있는 사람은 자동적으로 미국 시민이 되었다.

1849년 6월 3일 라일리(Bennet Riley) 지사는 몬테레이로 회의를 소집하였다. 대표들은 군정을 대체할 헌법을 기초하였다. 1850년 9월 9일 캘리포니아는 필모어(Fillmore) 대통령 아래 미국의 31번째 주로 승격되었다. 버네트(Peter Burnett)가 초대 지사가 되었다.

미군이 진주하자 미션은 완전히 버려졌다. 많은 미션들이 군인 막사로 쓰였다. 제단 주위에 말을 매고 그 위에 군인들을 위한 발코니를 만들기도 했다. 어떤 기자는 산 루이스 레이 미션에서 있었던 일에 대해 "제단과 여러 그림들은 제1기병대, E 중대의 스토우(Stow) 중위 명령에 따라 중대원들에 의해 뜯겨졌다."라고 전하고 있다. 실제로 제단의 금도금은 이들에 의해 벗겨졌는데 이는 1830년 세속화 직전 도금했던 것이다. 읍장이 교회의 문을 꼭 잠가 놓아도 군인들은 이를 뜯고 들어가 가구를 꺼내갔다. 곡식과 아름다운 제의 등은 쥐가 먹었다. 가구나 신부들이 남기고 간 집기들은 도난당했다. 사람들은 심지어 건물 지붕의 기와도 가져갔다. 기와가 없어지자 비가 오면 아도비(흙벽돌) 담은 녹아내렸다. 결국 지진이 건물의 끝장을 내는 것이었다.

17 미션 이후의 캘리포니아 사회

버려진 미션, 버려진 인디언

1830년대의 세속화로 인해 미션은 버려져 성직자나 주거자가 없는 빈 구조물이 되고 말았다. 지붕은 썩어 내려앉고, 아도비 벽은 무너졌다. 산타 바바라 같은 몇 개 계속 가동 중인 미션을 제외하고는 모두 버려졌다. 대부분의 경우 남은 것이라고는 부서진 건물과 부속 땅, 그리고는 샌디에이고(San Diego), 샌프란시스코(San Francisco), 산호세(San Jose) 등 파드레들이 지어준 이름뿐이었다. 미션의 붕괴는 결국 개종 인디언들의 파멸로 이어졌고, 개종 인디언들의 파멸은 미션의 소멸을 의미했다. 정부는 사제가 미션에 남아있는 약간의 거주자를 위해 사목할 것을 허용했다. 그러나 사제들은 이 비참한 시련의 기간에 개종 인디언들이 흩어져 나락에 빠지는 것을 바라만 볼 뿐 달리 도울 수 있는 방도도 없었다. 결국 사제들도 교회를 떠나게 되었다. 1850년대에는 거의 모든 프란시스코 신부들이 미션을 떠났다.

스티븐슨(Robert Louis Stevenson)은 1892년 발표된 'Across the

Plains'라는 책에서 버려진 미션에 대해 다음과 같이 기술하고 있다. "미션의 성당은 지붕이 없이 황폐했다. 바닷바람과 바다 안개 그리고 비와 햇볕의 매일 같은 변동은 갈라진 벽의 틈을 키우고 돌을 새김을 빼버린다. 이 신대륙에 있는 유물은 선교사들의 건축 그리고 그들의 선행에 대한 추억의 진기한 표본으로 지각이 있는 모든 사람들로부터 보존에 대한 요청을 받고 있으나 무시당했고 오히려 역이용 당해왔다. 미 당국이 도우려는 흔적은 없고, 오히려 무덤에서 팻말을 떼어 권총 표적을 만들고 있다."

그는 미션의 설립 목적인 인디언들의 운명에 대해서는 "캘리포니아의 과거와 현재를 비교하여 카르멜 인디언들의 지난날을 찬양하는 사람들은 이를 수정해야 할 것이다. 예수이트 수도회의 시대는 갔고, 양키들의 시대가 왔지만 개종 인디언을 돌보려는 사람은 아무도 없다. … 그들의 땅은 주변의 미 지배자들로부터 매년 잠식당하고 있지만 카르멜 인디언 문제로 속을 썩일 사람은 아무도 없다. … 옛적에 훌륭한 신부님들이 그들에게 땅을 일구고 경작하는 것과 읽고 노래하는 것을 가르쳤고, 또 이 신부님은 그들에게 유럽의 미사책을 주었고 이들은 이 책을 지금도 오두막에 보관하고 공부하고 있지만, 이제 이 신부님들은 이 땅의 모든 권위와 영향력을 탐욕스런 토지 도둑들과 하느님을 무서워하지 않는 총잡이들에게 넘겼다."라고 쓰고 있다.

인디언의 영락

캘리포니아 원주민, 인디언들은 멕시코의 정치 변화에 깊이 영향 받았다. 50~60년간 번영했던 이 미션들은 멕시코의 독립과 이에 따른 내전, 그리고 미-멕시코 전쟁의 여파로 망가지고 폐기하게 되었다. 신부들은 모두 쫓겨났다. 예상했듯이 미션의 해체는 인디언들에게는 엄청난 재앙이었다. 원래 땅의 주인이어야 할 인디언들은 모두 백인들에게 땅도 뺏기고 영혼까지 빼앗겨 버린 고아가 되어 비참하게 전락한 것이다. 스페인 치하의 미션 초기부터 약속된 것이지만 이들은 거의 미션 토지를 불하받지 못했다. 미션 혹은 미션 인근에 거주하는 인디언은 이 새로운 체제에서 밭 혹은 목장에서 임금 노동자로 밖에는 일할 수 없었다. 푸에블로로 이주한 인디언들은 비숙련공으로 막일 밖에는 할 수 없었다.

비브(Rose Marie Beebe) 교수는 자신이 편집한 'Lands of Promise and Despair'라는 책에서 미션 인디언 훌리오 세자르(Junio Cesar)의 증언을 다음과 같이 인용하고 있다. 이는 세속화 이후 미션 인디언들의 생활상에 대해 생생하게 설명해 주고 있다.

> 훌리오 세자르, 나는 100% 인디언 혈통으로 1824년 산 루이스 레이에서 태어났다. 당시 신부는 벤투라(Ventua) 신부였다고 한다. 내가 미션에서 일하기 시작한 것은 14살 때 부터였다. 그때 주임 신부는 프란시스코 신부였다. … 중략 …

내가 일을 하기 시작했을 때까지 미션에는 많은 인디언들이 있었고 미션은 매우 부자였다. 당시 미션에 속한 목장만 해도 산마테오(San Mateo) 대형 목장, 라스 플로레스(Las Flores) 대형 목장, 여기에는 작은 채플이 있는 인디언 마을이 있었는데 8일 마다 신부가 오셔서 미사를 드리곤 했다. 산타 마가리타(Santa Margarita), 이것은 대형 농장으로 밀, 옥수수, 등 곡물을 길렀다. 팔라(Pala)는 산타 마가리타와 같은 대형 농장으로 콩과 옥수수 등을 길렀다. 이곳 목장에 있는 인디언 수는 제법 많았다. 또한 이곳에는 그들의 채플이 있어 8일마다 신부가 와서 미사를 드리곤 했다. 테메쿨라(Temecula), 이곳에도 밀, 콩, 옥수수등을 재배했고, 목장이 있었으며, 그들의 채플이 별도로 있어 신부가 한 달에 한 번씩 와서 미사를 드렸다. 산 하신토(San Jacinto) 대형 목장, 산 마르코스(San Marcos) 작은 목장, 파주마(Pazuma) 작은 목장, 파우마(Pauma) 작은 목장, 포트레로(Potrero)는 오늘날 인디언들의 푸에블로로 비 개종 인디언들이 살던 곳이다. 비록 목장은 미션에 속했더라도 사용하지 않았다. 아구아 헤디온다(Agua Hedionda) 양 목장, 부에나비스타(Buenavista) 양 목장.

피코(Pio Pico)가 산 루이스 레이 미션의 행정관직을 떠날 때 그는 산타 마가리타 목장을 미션 소유의 가축들과 함께 샀다. 나는 그가 목장의 대가로 소 500마리를 지급한 것으로 안다. 산타 마가리타를 산 후에 그는 산 마테오와 라스플로레스 목장도 샀다.

에스투디요(Jose Antonio Estudillo)가 행정관직을 떠날 때 그는 산 하신토 목장과 가축 등을 모두 가져갔다. 그가 정말 인디언을 위해 일했는지는 아무도 모른다.

오르테가(Jose Joaquin Ortega)는 행정관으로 있으면서 접시와 컵에 이르기까지 미션의 재산 대부분을 가져갔다. 그러나 그는 토지는 가져가지 못했다. 오르테가는 접시에서 컵에 이르기까지 모두 가져가 미션을 빨가벗겨 놓았다고 말들을 했다. 나는 마론(Marron)이 행정관을 인계받을 때 미션에 없었으나 그가 인계 받을 때 건물에는 거의 물건이 없었으며, 창고에는 전혀 아무것도 없었다는 것을 알고 있다.

오르테가가 행정관일 당시 나는 이미 다 큰 소년으로 밭에서 일을 하고 있었다. 내가 그의 등자를 관리했기 때문에 나는 어디든지 그를 쫓아 다녔다. 또한 미사가 있으면 나는 노래를 해야 했다. 이러한 나의 봉사에 대해 나에게는 먹는 것과 의복 이외에 지급되는 것은 없었다. 미션에 도밍고(Domingo)라는 인디언 선생이 있었는데 그가 나에게 노래를 가르쳤다. … 중략 …

내가 어릴 때 인디언에 대한 처우는 이미 나빴다. (미션에서)급료 지급은 전혀 없었다. 먹을 것과 옷과 일 년에 한 번씩 교체하는 담요가 고작이었다. 그러나 아무리 사소한 것이라도 잘못이 있으면 매는 많이 맞았다. 이는 오직 행정관의 자량에 달린 문제였다. 그는 몇 대를 때릴 것인지 어떤 일에 때릴 것인지를 마음대로 했다. 피코와 그 후임들은 전제 군주와 같았다. 피코는 아무리 멀리 떨어졌어도 그가 보이면 우리에게 모자를 손에 들고 있으라고 요구했다.

지금 당신은 우리에게 읽고 쓰기를 배웠느냐고 물었지만 우리가 배운 것은 미사에서 외워서 기도하고 노래하는 것을 배웠을 뿐이다. 그들은 나에게 교회 음악을, 또한 읽는 것을 가르친 적이 없다. 가수나 음악인

이 있었지만 모든 것이 기억에 의존하는 것이다. 나는 누구 앞에도 악보가 있는 것을 본 적이 없다.

알리살(Alisal)에 학교가 있었고 거기서 인디언에게 읽고 쓰기를 가르쳤다고 들은 것을 기억한다. 각 미션에서 두 명의 아이들이 뽑혀 갔었다고 한다. 그러나 그것은 내가 태어나기 전 이야기다. 내 시대에는 이미 그렇지 않았다.

인디언의 경우 설혹 토지를 불하 받은 사람일지라도 사기를 당하거나 노름으로 땅을 날렸다. 토지 소유는 투기꾼들에게 급속히 넘어갔다. 미션의 작물, 가축, 밭, 양식 등은 재빨리 개인의 손으로 넘어갔고 불과 몇 년 안에 한때 번영했던 미션의 모습은 찾아볼 수 없게 되었으며, 미션의 거대한 재산, 즉 토지, 곡물, 가축 등은 모두 사라졌다. 정착민들이 소유권을 사취했다고 말하기 보다는 강탈했다고 말하는 것이 정확할 것이다.

교회로부터 인디언들에게 소유가 인계되는 정상적인 절차는 차단되고 인디언들은 모든 것을 잃었다. 모든 것을 잃은 인디언들이었지만 그들은 이미 새로운 문화에 오랫동안 길들여져 옛 생활로 돌아갈 수도 없었다. 설혹 돌아가려 해도 그 부족이 이미 와해된 경우가 많았다. 인디언들의 옛 문화는 이미 파괴되었고, 파드레들은 이 인디언 개종자들을 새로운 문화에 적응시킬 수 있도록 훈련시킬 수 있는 시간도 없었다. 이들 대부분은 새로운 지주에게 의탁하여 일했지만 그들은 인디언들의 복지에는 전혀 관심이 없었다. 파드레들은 이제 어찌할 방도가 없었다. 많은 인디언들이 말 그대로 죽는 수밖에 없었다. 아니면 광야에서 목숨을 연명하는 수밖에 없었다.

파드레들의 눈에 이것은 정말 비극이었다. 미션 시대가 끝난 것이다. 그러나 그보다 더 큰 문제는 희망이 없어졌다는 것이다. 역사학자 레오니드 피트(Leonid Pitt)는 다음과 같이 말하고 있다. “1850년까지도 개종 인디언들은 그대로 사기가 꺾인 집단으로 남아 있거나 혹은 질병, 술, 난폭, 굴종 아니면 착취의 대상이었다.”

해방된 인디언의 삶

인디언은 이제 완벽한 자유인이었으며 그들에게 합리적인 삶을 살도록 강요할 수 있는 방법은 아무것도 없었다. 두란은 다음과 같이 쓰고 있다. “인디언들의 공공연하고 수치스러운 문란 행위는 더 이상 관용으로 설득할 수는 없다. 예를 들면 공공장소에서 음주, 다른 사람의 아내 뺏기, 소 훔치기 등등. 오늘 이 주일날에도 그들은 우리 목동과 집사를 술 취하게 하고 나를(미사를 드리지 않도록) 기지에 내버려 두었으며 이것이 처음이 아니다.” 인디언들을 위해 살았고 또 그들의 권익을 변호해 온 두란도 이렇게 말할 수밖에 없었다. “내 생각에 인디언들은 (이제) 미션에서 통제할 일이 아니다. 노예 감독이나 해야 할 일이다.”

또한 두란은 세속화 이후 인디언, 미션, 그리고 일반인에 대해 다음과 같이 기술하고 있다. “해방된 인디언들은 남루하게 입고 온종

일 일하며 과거 그들 스스로 즐기던 것을 관리인(미션의 민간인 관리인)들이 즐기도록 하고 있다. 매일 기도는 생략되고, 일요 미사의 결석은 면책 받는다. 미혼 여성들은 기숙사에서 자지 않고 친척에게로 돌아갔지만 대부분 창녀로 빠졌다. 인디언들이 일을 하고 무엇에나 '아멘'하는 이상 술에 취해도 내버려 두었다." 이러한 사회에서 해방된 인디언들은 설자리가 없었다. 비록 인디언들에게 주류 판매가 불법이었지만 축일이면 인디언들의 고주망태가 늘 문제가 되었다.

그러나 인디언들의 배은망덕과 무관심에도 불구하고 두란은 그들을 버리지 않고 계속 돌보았다. 1845년 12월 25일 그는 다음과 같이 피코에게 쓰고 있다. "나는 미사와 급료 등으로 받은 돈 1,000페소 이상을 들여 (인디언들을 위해)옷과 곡식을 샀습니다. 그러나 나는 불행한 인디언들에게 이를 갚으라고 하지 않기로 결심했습니다."

다나(Henry Dana)는 보스턴에서 남미를 돌아 캘리포니아에서 생가죽과 교역할 상품을 실은 배를 몰고 1835년 1월 몬테레이에 왔다. 그는 이 경험을 'Two Years Before the Mast'라는 책으로 썼는데 이것은 즉시 미국에서 베스트셀러가 되었으며, 또 미국에서 캘리포니아로 가려는 사람들에게 안내서 구실을 하였다. 이 책의 기술은 1826년 이후 해방된 인디언들의 운명에 대해 많은 것을 설명해주고 있다. 카르멜 미션의 인디언의 수가 최고이었던 1795년에는 "기독교인이든 아니든 관계없이 단 한명의 인디언도 스페인인이나 멕시코인의 집에 노예는 물론 하인으로 일하는 사람도 없었다."라고 단언하고 있다. 그러나 1835년은 인디언들의 해방령을 선포한지 불과 9년 후이지만 다나(Dana)는 몬테레이에 대해 "멕시코인들 중 노동자 계급은 전혀 없었고 인디언들이 사실상의 농노로서 모든 일을 담당하고 있었으며, 한 집에 2~3명이 일하고 있었다. 가난한 사람도 최소한 한 명은 유지할 수 있었는데 이들은 먹여주고 조잡한 옷 한 벌과 남자는 벨트와 여자는 구두나 스타킹 없이 가운만 한 벌주면 되었기 때문이다."라고 말하고 있다.

미국령이 된 후로 인디언들의 여건은 더 나빠졌다. 더 깊이 내륙으로 간 인디언들은 그들의 전통적 방법으로 다시 삶을 재개한다는 것이 매우 어렵다는 것을 알게 되었다. 남가주 혹은 바하 캘리포니아의 내륙 지방의 원주민들은 유럽인들의 지배에 여전히 반발해 외딴 목장이나 교회를 공격해 가축을 약탈하곤 했다. 1860년경에 알타 캘리포니아에는 3만 명을 약간 상회하는 인디언들이 있었다고 추정된다. 그러나 그 후 100년 동안에 그 인구의 90%가 줄어들었다.

무너진 미션과 인디언들

그럼에도 미션에 남아있는 소수의 인디언들은 그들이 배운바 신앙생활에 의지할 수밖에 없었다. 카르멜 미션이 교회로 반환된 지 20여년이 지난 현재(1880년경) 미션의 연례 미사 모습을 스티븐슨(Stevenson)의 기록으로 부터 연상해 볼 수 있다.

딱 일 년에 한 번 기파욱스(Guy Faux, 11월 5일) 전날 파드레들은 몬테레이에서 카르멜로 넘어온다. 미션에서 유일하게 지붕이 있는 곳, 작은 성의실은 미사를 위해 장식된 의자로 가득 찬다. 인디언들은 모두들 그들의 검고 우울한 얼굴과 대조되는 밝은 옷을 입고, 어떤 점에서 감응이 안가는 이들 군중 속에서, 하느님께서 천하의 어떤 성소에서 보다도 감동적으로 경배 받으시는 것을 들을 수 있다. 80세의 눈먼 인디언이 성가를 지휘하며, 다른 인디언들은 성가대를 구성하며, 그들이 그레고리 음악을 합창하는데 라틴어의 발음이 너무나 정확하여 나는 그들의 노래를 따라하며 의미를 알 수 있었다. 그 발음이 색다르고 콧소리가 섞였으며, 바쁘게 스타카토로 불렀다. 'In Saecula saeculo-ho-horum'하며 매 음절에 생생한 대기음을 섞어 나갔다. 나는 이 노래를 부르는 인디언들의 얼굴보다 더 생생하게 기쁨으로 가득 찬 얼굴을 보지 못했다. 이것은 그들에게는 하느님에 대한 경배나 좋았던 지난날에 대한 기억과 기념뿐만이 아니었다. 이것은 그들이 아는 예술과 문화가 종합된 표현으로 문화적 행사였다.

원주민 성가대는 오네시모(Juan Onesimo)의 바이올린 연주와 합주하였는데 이것은 파드레들이 그에게 가르친 것이었다. 그는 세속화 당시 이 바이올린을 가져갔었고 그 후손들은 이를 잘 보관하였다가 미션의 박물관이 개관할 때 이를 반환하여 전시되도록 하였다.

토지를 불하받은 인디언일지라도 백인의 도움이 없이는 이를 유지할 수 없었다. 템플(Sydney Temple)은 그의 저서 'The Carmel Mission from Founding to Rebuilding'이라는 책에서 오네시모 가족에 대해 다음과 같이 설명하고 있다.

온테레이로부터 오솔길을 따라 무너져가는 미션 건물들을 지나 올라가면 카르멜 강을 따라 배급 받은 토지를 가꾸고 사는 인디언들의 간단한 집이 나온다. 이들의 가장 가까운 이웃 중에는 딸 로레타(Loretta)와 사위 페랄타(Domingo Paralta)와 그리고 그 자녀 두 명과 함께 살고 있는 족장 오네시모(Juan Onesimo)가 있었다.

어려서부터 미션에서 일한 오네시모는 바이올린의 연주를 배워 미션 미사 때 연주를 했으며 지금껏 이를 자랑스럽게 생각하는 사람이었다. 로레타와 페랄타는 세속화 전에 미션에서 매우 인정받는 사람들이었으며 인디언에게 할당되는 토지를 받았다. 이들은 옥수수, 토마토, 양파 등을 키워 몬테레이에 팔고 가축을 키우기 위해 목축을 하고 있었다.

민간인 행정관 로메로(Antonio Romero)는 인디언이 이 같은 땅을 소유하는 것이 못마땅하여 계속적으로 페랄타에게 추방할 것을 위협했으나 이들에게는 백인 이웃인 보론다(Dona Juana Boronda)가 큰 힘이 되었다. 보론다의 아내 도나(Dona Boronda)는 남편에게 늘 지사 앞에서 페랄타를 지원할 것을 북돋우고 그들에게 오늘날의 몬테레이 잭 치즈의 원조라고 하는 골든 스패니시 치즈를 보내 주었다. 그러나 어느 날

페랄타가 그의 땅에서 죽은 채 발견되며 오네시모와 그 가족의 운명은 정해진 것이었다. 그래도 페랄타의 생전의 선행이 로레타와 그 자식들이 재산을 지키는 데 도움이 되었다. 1837년 영국 선원 메도우즈(James Meadows)는 탈주하여 배가 출항할 때까지 페랄타 집에 숨어 있었다. 그는 엘 수르(El Sur) 목장에서 카우보이 일을 하며 페랄타 가족과 친분을 유지했다. 후에 그는 다른 45명의 외국인들과 함께 몬테레이에서 체포되어 멕시코 테파크(Tepec)로 압송되었으나 멕시코의 영국 영사관에서 사면되어 1841년 몬테레이로 돌아올 수 있었다. 1년 후 그는 페랄타의 미망인 로레타와 결혼하여 그의 재산을 보호하게 되었다.

그 후로 이 땅은 메도우즈 토지로 알려지고, 메도우즈는 카르멜 계곡 공동체를 개발하는 데 앞장서게 되었다. 그는 카르멜 지역의 첫 학교인 카르멜로(Carmelo) 학교에 땅을 기증하고, 짓고, 또 시설을 기증하였다.

오네시모의 또 다른 딸 안셀마(Anselma)는 포스트(William Brainard Post)와 결혼하였으며, 그는 훗날 큰 지주가 되고 몬테레이 사회에서 지도자가 되었다. 그들은 1948년 포스트가 몬테레이에 도착한 해에 결혼했는데 1862년 홈스테드 법 이후 포스트 부부는 란초 엘 수르(Rancho el Sur) 남쪽의 광대한 땅을 홈스테드 하였다.

이에 따라 카르멜 계곡의 다른 오네시모 가족들도 결혼이나 출생에 의해 '헨테 데 라존'이 될 수 있었다. 그러나 이들은 행운의 소수였다.

오네시모의 손녀 이사벨라 메도우즈(Isabella Meadows)는 비록 헨테 데 라존이었지만 평생을 통해 원주민으로서 얻은 유산에 대해 강한 자부심을 갖고 있었다. 그녀는 1925년 89세의 나이로 워싱턴

D.C의 스미스소니언 인스티튜트(Smithsonian Institute)에 초대되어 가서 카르멜의 룸셈 족의 일파인 코스타노안(Costanoan) 족의 언어에 대한 기록을 남겼다. 그 언어를 구사할 수 있는 마지막 남아있는 사람으로서 그녀는 매우 중요한 기록을 남겼던 것이다.

1850년대의 캘리포니아의 사회상

알바라도 지사가 어렵사리 얻은 정치적 안정은 1840년대 초기부터 흔들리기 시작했다. 외국인들이 몰려들기 시작했는데 특히 인구밀도가 적었던 몬테레이 북쪽으로 많은 이주자들이 들어왔다. 새로운 이민자들은 전에 있던 이민자들과 달랐다. 주로 미국에서 오는 이주자들은 신의 섭리로 지정학적으로 문화적 및 인종적 우월성으로, 미국의 통치가 태평양까지 미쳐야 한다는 신념, 즉 소위 매니페스트 데스티니(Manifest Destiny)를 갖고 들어왔다. 이러한 신념을 가지고 캘리포니아에 도착한 사람들은 1820년대나 1830년대에 이주한 상인들과 달리 스페인 문명을 존중하지도 않았고 멕시코에 동화되려고도 하지 않았다. 많은 외국인들의 출현은 알타 캘리포니아의 지배층에 깊은 균열을 가져왔다. 특히 알바라도와 발레호의 관계는 극히 냉각되었다. 표면적으로는 누가 북부의 인사권을 행사하느냐 하는 것이었다. 그러나 진짜 지사가 꺼렸던 바는 발레호가 북부 지역을 사실상 자신의 영지화하며, 영토를 지키기 위해 자신과 함께 힘을 모으기보다는 새로운 이주자들과 타협을 도모하는 것이 아닌가 하는 것이었다.

정착민 사회도 혼란은 마찬가지였다. 두란은 백인들이 멕시코로부터 정신적으로나 정치적으로 멀어지고 있다고 말했다. 그는 또 "마치 정부가 없는 것처럼 무정부 상태가 지배했다. 누구나 멋대로 행동했다. 곡물과 과일은 밭에서 도난당했고, 소는 도축하여 가죽을 팔았다. 다만 종교만이 어느 정도의 평화를 지킬 뿐이었다."라고 말했다, 마치 십여 년 전 인디언들이 해방에 대해 준비하지 못했던 것처럼 이곳 현지의 백인 사회 역시 1850년 이후 십여 년의 사회 변화에 준비되어 있지 못했다. 이전의 정착민들의 단순했던 가부장적 질서는 사라지게 되었다. 골드러시의 결과로 돈이 밀려오자 이들은 옷, 가구 및 여흥 등에 돈을 마구 썼다. 이것은 마치 어린애에게 돈을 주는 것과 같았다. 도박, 소나 닭싸움, 말, 축제 및 사치스런 생활 등에 돈을 낭비했다. 한때 평화롭던 마을은 무질서가 판을 치게 되었다. 강도가 다반사가 되었다. 음주는 필요악이 되었으며, 노름은 있는 사람이나 없는 사람에게 모두 즐기는 공통의 기호였다. 1850년대 초, 산타 바바라에서 발행된 50개의 사업 허가 중에 32개가 주류 판매였다. 매춘, 음주, 절도 및 살인 등은 도박장의 당연한 결과였다.

히스패닉계 사람들에게도 미국식 법체계는 이해하기 어려운 것이었으며 동감할 수도 없었다. 이들은 미국의 체제 내에서 스페인 식 정신 상태로 살아가고 있었다. 사건은 법적 절차보다는 개인적으로 처리되었다. 1859년에 산타 바바라에 온 칼튼(James H. Carlton)은 히스패닉의 인구가 미국인의 네 배였으며, 이들 간의 갈등과 히스패닉 다수의 횡포로 인해 사법 집행이 어려웠다고 말했다. 이들은 영어를 몰랐고 또 새로운 법 정신과 질서에 대해 무식했다. 칼튼은 이들은 자치가 어려운 사람들이라고 생각했다. 칼튼은 이들이 원래 부패하지는 않았지만 이들이 정복당했기 때문에 기만에 의존할 수 밖에 없다는 매우 중요한 관찰을 했다. 이들의 약점은 교육과 훈련의 부족이었다. 또한 미국인들은 이들 캘리포니아인들에 대해 정치적으로 공적으로 통제하는 데 인내심의 한계에 와 있었다. 양쪽은 모두 서로가 미국인들이며 동등한 권리와 책임이 있다는 것을 깨닫지 못하고 있었다.

1830년대부터 시작된 캘리포니아의 도덕적 사회적 쇠퇴는 사회에 바람직하지 못한 여건을 조성했으며, 종교적이든 세속적이든 공식적 교육이 결여되었으며, 미션의 강탈, 외세의 침공, 골드러시, 외부인의 유입 등으로 여건이 더욱 나빠지고 있었으며, 결국 이러한 사회적 현상은 이런 상황들의 결집체였다. 아마트(Amat) 주교는 로마에서 말하기를 "산타 바바라에서 내가 보기에도 좋고 프란시스코가 보기에도 좋은 것이라 하여도 타락하고 부패한 것이다."라고 말할 정도였다.

미국의 법도 캘리포니아 인들을 즉시 당당한 미국 시민으로 만들지는 못했으며, 미션 체계를 대체한 미국의 교구 체계가 교인들을 가톨릭 교인으로 통합하지도 못했다.

바라던바 교회나 국가의 변화는 오직 새로운 정신적 체계에 의해 실현될 수 있었으나 이는 시간과 인내가 필요하였다.

18

미션 이후의 교회

캘리포니아의 첫 주교

세속화가 강행되는 상황에서 미션 의장 두란은 이제는 주교가 필요한 시기라고 판단하고 이를 요청했다. 자카테칸(Zacatecan) 미션의 의장인 가르시아 디에고(Francisco Garcia Diego y Moreno)는 산타 바바라에서 두란과 이 문제를 협의한 후 멕시코 중앙정부와 직접 이 문제를 협의하였다.

1836년 9월 19일 정부는 관련 법안을 통과시키고 파이어스 펀드를 장래 주교의 처분에 맡겼다. 그러나 멕시코시티 대교구에서는 1839년까지 아무런 일도 하지 않았다.

1840년 4월 27일에서야 샌디에이고가 독립 교구로 결정되었다. 1840년 9월 17일 가르시아 디에고는 부스타멘테(Bustamente) 대통령 앞에서 선서를 하고 10월 4일은 과달루페 바실리카에서 축성되었다. 새로운 주교는 1841년 12월 10일 샌디에이고에 도착하였다. 주교는 산타 바바라 미션을 주교좌성당으로 정했다. 주교의 배는 1842년 1월 11일에 산타 바바라에 도착하였다. 5월 6일 주교는 지사에게 자신과 주교청 직원을 위한 새로운 청사를 요구하였다.

파이어스 펀드의 이자 수입은 연 17,000페소였다. 정부는 주교에게 연 6,000페소의 연봉을 주기로 약속했다. 그러나 산타 아나 대통령이 국가의 이익을 위해 파이어스 펀드를 몰수하면서 이 모든 것이 헛말이 되었다. 자금이 부족하여 가르시아 디에고 주교는 헌금(10일조)에 의존해야 했다. 가르시아 디에고 주교는 교회 재산의 처분으로 1,000페소를 약간 넘는 돈을 마련했을 뿐 아무런 급여도 없었다. 또한 캘리포니아 사람들은 가난하였고 또 이렇게 체계적으로 교회를 지원하는 데 익숙지 않았기 때문에 십일조 계획은 실패했다. 5개의 미션이 사제가 없었고, 남아있는 사람들은 지도자가 없었고, 성사도 못 받고 죽었으며, 미션이 황폐화함에 따라 인디언들은 의욕을 상실했다.

그럼에도 주교는 1844년에는 산타 이네즈(Santa Ines)에 신학교를 세웠다. 히메노(Jose Joaquin Jimeno)가 주임 사제 이고, 산체스(Francisco Sanchez)가 부사제 겸 교수, 모레노(Juan Moreno)가 교수였다.

주교직의 수행은 좌절의 연속이었다. 그는 그가 가진 전 재산 500페소를 캘리포니아에 도착하여 썼고, 가구 등을 사기 위해 산타 바바라에서 돈을 꾸어야 했다. 그가 죽을 때 그의 통장에는 97페소가 전 재산이었으나 아기레(Jose Antonio Aguirre)에게 879.02페소의 빚이 있었다. 공식 기록에 따르면 가르시아 디에고 주교는 1846년 4월 19일 죽었다. 그는 죽기 전 두란 신부와 루비오(Gonzales Rubio) 신부를 공동의 대리인으로 지명하였다. 장례는 5월 3일 거행되었다.

산타 바바라의 모든 사람이 초대되었다. 주교는 성당 납골당에 묻히지 않고 지성소에 묻히기를 원했다. 동쪽 담과 뒤쪽 담 사이 묘소 위에 높은 나무판자가 세워졌고 여기에 묻혔으며 이것은 지금도 있다. 이 판자에는 주교관의 모형과 피난처 성모님의 그림과 함께 주교에 대한 적절한 기록이 보관되어 있다.

알레마니 주교와 송사

1850년 5월 31일 로마에서는 알레마니(Joseph Sadoc Alemany O.P.) 신부를 후임 주교로 임명하였다. 그는 12월 6일 샌프란시스코에 도착하였고, 성탄절에 산타 바바라에 도착하여 루비오에게 임명장을 제시하고 적법한 인수인계를 요청하였다.

루비오, 히메노, 산체스는 그를 몬테레이 교구의 적법한 주교로 인정하고 받아들였다. 1월 24일 알레마니 주교는 루비오를 산 미구엘 이남의 대리인(Vicar General)으로 임명하였다. 알레마니는 2월 4일 몬테레이에 도착하였다. 알레마니 주교는 그 자신이 스페인인이며 켄터키주와 테네시주에서의 신부 활동을 통해 미국에 대한 이해가 깊었다.

미국 의회에서는 '개인의 토지 청구' 법안이 통과되고, 스페인과 멕시코의 토지 불하를 검토하기 위한 토지 위원회를 설치하였다. 알레마니 주교는 21개 미션과 거기 부속된 묘지, 토지 등에 대해 가톨릭교회의 소유권에 관한 문제를 변호사들과 그리고 산타 바바라의 프란시스코 수도자들과 협의를 했다. 그는 1853년 2월 19일 멕시코 정부가 미션을 팔 수 있는 권리가 있는지에 대해 이견을 제시하며 샌프란시스코에 있는 '미 일반 토지 사무소(General Land Office)'에 청원서를 접수시켰다. 송사의 목적 첫째는 미션 인디언들을 대신한 소유권 송사였다. 미션의 재산은 인디언의 것이므로 미션의 재산과 토지를 인디언들에게 돌려 줄 것을 요구한 것이다. 두 번째는 교회와 이에 딸린 건물은 세속화 법에서도 교회에 귀속되게 되어 있음을 들어 교회에 돌려 줄 것을 요청하였다.

미국 정부는 인디언들의 소유권 주장을 일축했다. 그 이유는 간단했다. 스페인 정부나 멕시코 정부가 원주민의 토지 소유를 인정했다는 근거가 없다는 것이다. 미국의 점령 이후 토지의 소유를 주장하는 사람은 모두 소유권의 이전을 증명하는 서류를 제시해야 했다. 그러나 인디언들은 이러한 서류도 없었고, 또한 미션에서 운영하는 광대한 목장의 소유가 인디언 부족의 소유였다는 것을 증명할 서류가 없다는 이유였다. 그러나 실제 이유는 만약 인디언들의 소유를 인정할 경우 그 동안 인디언들의 땅을 뺏어온 미국이 스스로의 모순에 빠질 것을 두려워한 게 아닐까 싶다. 스페인의 법과 관습에 따르면 미션의 사제들은 인디언의 위탁을 받아 토지를 관리하는 것으로 정부로부터 어떤 위임장이나 불하 서류도 없었기 때문이다. 또 하나의 송사, 즉 교회 건물과 묘지 정원 등에 관한 것도 그 법률적 근거는 첫째 송사와 다를 것이 없다. 그러나 위원회는 이에 대해서는 1855년 알레마니 주교의 주장을 받아들였다. 1860년 토지에 대한 실사가 실시되었다. 마침내 1865년 3월 18일 링컨 대통령은 "미션에 딸린 종교적 목적과 이에 사용되는 교회, 부속 묘지, 과수원, 정원, 포도밭 등은 몬테레이 주교 조세프 알레마니와 그가 위임하는 후계자에게 돌려준다."는 청원서에 서명하였다. 이에 따라 미션 건물과 이에 붙어있는 대지는 가톨릭 교회에 귀속되게 되었다.

샌프란시스코 대교구의 설립과 아마트 주교의 부임

1853년 7월 29일 로마에서는 교구를 나눠 샌프란시스코 대교구를 만들고 알레마니 주교를 대교구장에 임명하였다. 스페인 카탈로니아 출신으로 필라델피아 교구 신학교에서 교수로 재직 중인 아마트 신부(Tadeo Amat, C.M.)를 몬테레이 주교로 임명하였다. 아마트 신부가 유럽 여행 중이었으므로 알레마니 주교는 자신이 임시 관리자로 있는 이 교구에 대리인으로 루비오 신부를 임명하였다.

루비오는 자신의 출신인 멕시코의 자카테카스 대학에서 돌아올 것을 요구하고 있었고 산체스와 히메노도 각각 그들의 대학에서 돌아올 것을 원했다. 알레마니 주교는 캘리포니아에 사제가 매우 부족함을 들어 멕시코에 이들을 유지시켜 줄 것을 간곡히 사정하며 이를 미루고 있었다.

미션을 지킨 신부들

1865년 가톨릭교회는 미션의 성당은 돌려받았다. 그러나 너무 늦었다. 모든 건물이 이미 상당히 붕괴되어 돌이킬 수 없는 상태가 된 후였다. 그동안 인근의 주민들이 벽돌, 기와, 목재 등을 다 가져간 후였다. 대부분의 미션은 인디언도 없고 신부도 없이 방치된 채 무너졌으며 폐허가 되어 가고 있었다. 교인과 정부의 지원을 잃은 교회는 큰 건물을 유지하기에도 벅찼다. 미션은 오랫동안 방치될 수밖에 없었다.

건물이 남아 있는 경우는 대부분 임대를 주었다. 미션 건물은 창고로 쓰이거나 가축의 우리로 쓰였다. 산 퍼난도(San Fernando) 미션 같은 경우는 정원에 돼지 농장을 만들었다. 어떤 교회는 빚을 갚기 위해 지붕의 기와를 팔기도 했다.

산 카피스트라노 미션의 머트 신부

그러나 일부 미션은 신부들의 헌신적 봉사로 조금 더 수명을 연장할 수 있었다.

머트(Jose Mut) 신부는 1866년에 폐허가 되어 버린 산 카피스트라노 미션에 부임하여 이곳에 거주하는 인디언에게 연민을 느끼고 폐허나 다름없는 미션 건물에 숙소를 잡았다. 그 후 20년 동안 이 신부는 이 마을의 몇 안 되는 인디언 신도들을 위해 헌신적이고 이타적인 영웅적 희생을 감내했다. 1880년경에 한 방문자는 머트 신부가 쓰는 방을 보고 다음과 같이 기록하고 있다.

가구도 없으며 어떤 방도 이보다 더 침울하고 망가지고 버려질 수는 없었다. 다 떨어진 소나무 책상이 마루 가운데 놓였고 그 옆에 수리한 의자가 있었다. 또 하나 생가죽 하의가 문 옆에 있었다. 유리가 모두 있는 창은 없었고, 셔터가 닫힐 수 있는 문도 없었다. 낡고 닳아 빠진 사제의 검정 코트가 벽에 걸렸고 그 옆에는 싸구려 면 우산이 있었다. 목회자의 서적이 책상 위에 있었고 그 옆에 철사로 묶은 안경이 있었다. 한 가지 기호품이란 그 책과 안경 옆에 있는 싸구려 담배와 나무 파이프였다.

대략 이때에 미션은 총체적으로 폐허였다. 기와와 목재는 팔렸거나 약탈당했다.

기와의 보호가 없는 흙벽돌 담은 쓸려 나갔다. 머트 신부가 1886년 떠날 때 이 종교적으로 문화적으로 빛나던 시설은 전혀 희망이 없는 것 같았다. 그러나 미션 성당은 이제 다시 교회의 품으로 돌아왔고 죽지 않는다. 이 같은 사제들의 헌신적 노력 끝에 이 미션은 현재 크게 부흥하였고 관광지로도 잘 개발되어 산 카피스타라노 미션은 캘리포니아 미션 중에 가장 많은 방문객이 찾는 곳이 되었다.

산 안토니오 미션의 암브리스 신부

암브리스(Ambris) 신부는 몬테레이 주재 신부였는데 산 안토니오 미션에 가능하면 정기적으로 방문하였다. 그는 1841년 피게로아와 함께 캘리포니아로 와서 계속 수도 생활을 했고, 그 후 산타 바바라 미션에서 서품 받은 신부였다. 그는 자신이 멕시코 인디언이었으며, 인디언 개종자에게는 진정한 이해가 가능했던 겸손한 사제였다.

1851년 알레마니(Alemany)주교가 부임하자 그는 암브리스를 산 안토니오 미션으로 보냈다. 암브리스 신부는 산 안토니오 미션의 재건을 시도하였다. 2마일이나 떨어진 산 안토니오 강으로부터 물을 끌어오고 산 미구엘 개울로부터 물을 끌어들여 포도밭과 정원에 물을 주었다. 이리하여 산 안토니오 미션은 유지되고 어느 정도 활기를 찾을 수 있었다. 미션의 인디언들은 암브리스 신부를 너무 좋아하여 세속화 이전과 유사한 의식을 재생했다. 홀리호크스를 좋아하는 암브리스 신부가 제단으로 갈 때면 그 앞에 홀리호크스의 꽃잎을 뿌렸다.

1863년의 홍수와 1864년의 가뭄은 미션 인디언들에게 큰 재난이었으며 많은 인디언이 흩어졌다. 그래도 미션에 남아 있던 인디언들은 암브리스 신부의 노력으로 살 길이 있었다. 이들 인디언들은 매우 믿음이 좋아 미션에서 봉사하며 살았다. 6월 13일은 안토니오 성인의 축일로 지냈고 9월 16일은 멕시코의 독립 기념일이었다. 이런 축일이면 홀론 지역의 인디언들이 다 모여 축일을 즐겼다. 말 경주, 야생마 타기 등등 목동들이 할 수 있는 모든 경기를 했다. 그 밖에도 바비큐, 춤, 노래, 바이올린, 기타, 플루트, 드럼 등 온갖 악기를 즐겼고, 불꽃놀이와 사랑, 겨울철에 못다한 이야기 등을 하며 즐겼다. 암브리스 신부는 매년 오는 여행객이나 이곳을 지나게 되는 목동들을 환영하고 잘 지냈다.

1880년경 암브리스 신부는 인디언들을 위한 사목을 30년 넘게 계속하고 있었다. 그는 이미 고령이었고 많은 인디언들도 고령이었다. 당시 약 50명의 인디언이 미션 인근에서 목축을 하며 연명하고 있었다. 그중에 하신토(Jacinto)는 100세가 넘었고, 콜레타(Coleta)는 대략 95세였다.

이들은 매우 가난했고 십일조에 의존해야하는 암브리스 신부 역시 매우 가난했다. 그러나 그는 자주, 조금 밖에 되지 않는 식량을 인디언에게 나누어 주고 자신은 굶는 것이었다. 어느 날 암브리스 신부는 아팠다. 이 소식이 전해져 그의 오랜 백인 친구 나르바에즈(Don Pancho Narvaez)는 신부를 모시고 의원에게 갔다. 그 진찰 결과는 영양 결핍이라는 것이었다. 회복을 위해 식사를 잘 대접했으나 신부는 별로 먹지도 않고 슬픔에 싸여 있었다. 신부를 잘 아는 사람이 말하기를 신부님이 미션에서 굶주리는 인디언들 생각에 그렇다는 것이었다. 1882년 2월 암브리스 신부에게도 죽음이 다가왔다. 신부가 마지막으로 병석에 눕게 되었을 때 미션에는 2명의 인디언만이 남아있었다. 암브리스 신부의 유해는 산 안토니오 미션 지성소의 중앙에 프란시스코 선배들과 함께 매장되었다.

암브리스 신부가 가고 난 후에 산 안토니오에 주재하는 신부는 없었다. 교회는 인근 킹시티에 주재하는 신부에게 그 관리를 맡겼다. 그러나 실질적으로 돌보는 사람이 없는 미션은 피폐해 가고 있었다. 미션은 계속 허물어졌다. 결국은 지붕이 무너졌다. 지붕이 없이 남아 있는 벽에 잔해의 무더기가 쌓였다. 당연히 기와와 쓸만한 아도비, 목재 등은 훔쳐갔다.

19

미션의 복원

미션 건축의 특수성

건축양식

파드레들은 당연히 유럽과 같이 뾰족 성당을 짓고 싶었을 것이다. 그러나 제한된 자원과 기술로 인해 아도비 건물을 짓게 되고 말았다. 낮은 구조에 비해 두터운 기둥과 담은 아도비로 지었기 때문이다. 파드레들은 아도비를 쉽게 구할 수 있어 이를 많이 사용하였는데 이에 따라 벽이 두꺼워지고 아치는 그 무게를 견디기 위해 작아질 수밖에 없었다.

긴 처마나 우아한 오버행(Overhang)은 햇볕으로부터 아도비들을 보호하기 위해 일반 건축물에도 적용하게 되었다. 둥근 기와 역시 같은 목적으로 일반 건축물에 사용하게 되었다. 훗날 캘리포니아의 고유한 양식이 되어 버린 이 같은 여러 가지 특성들은 사실 당시는 필요에 의해 고안된 것들이었다. 미션의 건축은 일반적으로 볼 때 단순하고, 강렬하며, 밝은 편이다. 한편 미션의 귤, 무화과, 고추나무, 포도, 꽃, 약초 등은 스페인에서 수입된 것이다.

1860 년대 이후 캘리포니아에 도착한 미국인들은 이들 새로운 땅

이 이미 선대 유럽인들에 의해 가꾸어 졌음을 알고 노스탤지어를 느끼게 되었다. 아치, 곡선, 빔 등 이들 파드레들이 그들의 스페인과 무어 유산에 따라 지은 건축 양식은 그 후 가주 전체의 새 건물, 주택, 정부 청사 등의 건축 양식에 지대한 영향을 미쳤다. 학교, 도서관, 법원, 상가, 대학, 기차역, 극장, 일반 주택 등등 많은 건축물이 미션 식 특징을 선호했다. 1885년 건설된 스탠포드 대학의 건물은 스페인 식민지 스타일의 대표적인 건물일 것이다. 오늘날 기와 형 지붕, 아치, 아도비 벽 등의 양식은 밀워키나 위스콘신에서까지 발견되고 있다.

종탑

당시 종탑은 성당의 상징적 역할을 넘어 실질적으로도 매우 중요한 역할을 했다. 그런데 당시 캘리포니아에서 철을 구하기는 매우 어려웠다. 따라서 종은 스페인 왕의 하사품이 많았고 주로 뉴스페인(멕시코)과 페루 등지에서 만들어 왔다. 어떤 것은 스페인에서 직접 만들어 온 것도 있다.

샌디에이고 미션 같은 곳에서는 아도비 구조물로 사각 종탑을 짓는 것이 어려우므로 높은 단일 벽에 아치 구멍을 만들고 여기에 종을 매다는 것으로 대신하였다. 이 종탑의 형태는 후일 미션의 트레이드마크가 되었다.

성당 인테리어

인테리어는 보다 창조적이었다. 교회는 미션의 중심이었다. 파드레들은 본국의 문화적 유산을 모두 형상화하고자 했으며, 이 단순한 건물로서 하느님의 장엄하심을 나타낼 수 있도록 노력하였다. 또한 이곳에 인디언적인 요소들, 특히 색깔과 내부 장식 등을 가미하였다.

미션의 평이한 전면은 일반적으로 현란한 장식이 있는 가톨릭 스타일이 아니다. 성당 내부도 번쩍거리는 금도금, 루비 빛의 촛대, 예술가의 조각 등이 아니라 장인들의 손으로 만들어진 장식, 수채화로 그린 그림, 돌이나 나무를 깎아 만든 조각 등 투박한 장식이 대부분이다. 일반적으로 파드레들은 그 장식을 문, 창, 종탑, 성전 내부 등에 간단한 꾸밈으로 제한할 수밖에 없었다.

또한 멕시코에서 온 미장이나 장인들은 인디언들의 도움을 받아 성당의 장식을 해야 했다. 어떤 미션은 빨강, 초록, 파랑, 황토색 등 인디언들이 좋아하는 색깔을 일부러 채택하기도 했다. 본국의 대성당의 우아함을 재생하기 위해 벽에 대리석을 그리고 또 버팀대, 벽감, 알카브, 발코니 등 교회 내의 구조물을 그리게 함으로써 이 초보적 건축물에 순박하고 즐거운 기법을 가미하게 되었다. 이런 것은 산타 바바라, 산타 이네즈, 산 미구엘 등에 가면 볼 수 있다.

미션의 복원

1880년 여류 작가 헬렌 잭슨(Helen Hunt Jackson)은 삽화가 샌드햄(Henry Sandham)과 함께 미션을 방문하였다. 그녀는 그가 본 바에 대해 기록을 남겼으며 이를 근거로 라모나 라는 소설을 썼다. 이 소설이 바로 베스트셀러가 되면서 미션은 일반의 관심을 받게 되었다. 그녀는 미션에 대해 매우 강한 어조로 "매장지를 포함한 이 위대한 유적을 그대로 붕괴하도록 내버려 둔다는 것은 교회나 주 정부나 모두에게 부끄러움이다. 아무런 조치를 하지 않고 내버려둔다면 백년이 안 돼 형태도 없는 모래 더미가 될 것이다. … 수백 년 전에 매장된 세라의 묘소는 잊혀 질 것이다. 그러나 그의 이름은 사라지지 않을 것이며, 그의 명성도 잊히지 않을 것이다. 그러나 그가 이룩한 문명 속에 사는 사람들과 그가 그토록 기렸던 믿음의 교회가 그의 매장 장소도 잊히도록 내버려둔다는 것은 진정 부끄러움이다." 라고 갈파하고 있다.

미션 보전에 관심을 갖은 첫 번째 사람들은 화가들이었다. 이들은 고색창연한 미션이 좋은 소재였기 때문이다. 다음으로는 사진작가들이었다. 이들의 관심이 1900년대 초 일반인이 미션에 관심을 갖게 하는 동기를 주었다. 이런 복고풍의 영향으로 미션을 보수하고자 하는 기운이 일기 시작했다. 미션 보전에 본격적인 선구 역할을 한 것은 신문인 찰스 루미스(Charles Lummis)가 설립한 랜드마크 클럽(Landmark Club)이었다. 이들은 다 붕괴되어 가는 미션을 보수하기 위해 자금을 모금하였다.

그러나 초기 보수는 전문 지식이 결여된 상태의 보수로 오히려 미션을 망치는 경우가 많았다. 본격적인 복구는 1920, 1930대에 시작되었다. 본격적인 재건은 역사적, 과학적 정확성을 가지고 많은 문헌과 유적 발굴을 통해 원상을 복구하는 것이었다. 지금의 많은 미션은 이렇게 하여 복원된 것이다.

그러나 무엇보다도 각 미션의 복원에는 그곳 신부의 헌신적인 노력에 힘입은 바 크다. 다음은 복원이 잘 이루어진 몇 개의 미션의 복원 과정을 통하여 복원에 기여한 사람들에 대해 살펴본다.

산 후안 카피스트라노 미션의 복원

오살리반(O'Sullivan) 신부는 1874년 3월 19일 생으로 1904년 서품을 받았다. 서품 후 의사로 부터 폐결핵으로 오래 살지 못할 것이라는 진단을 받았다. 그는 치료에 좋은 기후를 찾아 텍사스와 아리조나로 갔다. 거기서 퀘투(Alfred Quetu) 신부를 만나 자신은 산 후안 카피스트라노 미션에 가끔 가는데 남가주는 사제가 매우 부족하여 그곳 신자를 돌볼 사제가 없어 그곳이 당신한테 맞을지 모르겠다는 말을 들었다. 그는 산 후안 카피스트라노 미션을 방문하고 그곳으로 갈 것을 신청하였다. L.A. 주교 커너티(Thomas J. Conaty)는 그를 받아들여 1910년 7월 5일 부임하게 되었다.

여기서 그는 곧 미션의 복원을 시작하였다. 그는 현대적 방법과 재료를 거부하고 원래의 방법에 따라 차곡차곡 복원해 나갔다. 그는 오히려 새로운 자재를 낡은 기와, 벽돌, 네모 쇠못 등과 바꿨다. 그의 목표는 미션의 설립 당시와 동일한 자재를 사용하는 것이었다. 그는 멕시컨을 고용하여 옛날의 건축 방식으로 복원했다. 그는 새로운 페인트가 못마땅하여 옛날의 페인트 방식을 고집했다.

주위에 담이 설치되자 그는 구경을 원하는 관광객에게 입장료를 받기 시작했다. 지난날의 보물을 즐기고자 하는 자는 그 유지에도 동참하여야 한다는 취지였다. 방문객이 있게 될 때 그가 첫 번째로 한 일은 후니페로 세라의 동상을 세우는 일이었다.

이러한 그의 노력이 차츰 남가주에 알려지게 되자 많은 사람들이 자금 모금에 동참하는 등 돕기 시작했다. 미션은 붕괴에서 복원의 과정으로 돌아서게 되었다. 이것은 마치 기적 같았다. 또 하나의 기적이 일어났다. 이 신부의 병이 진전을 멈춘 것이다. 신부의 건강은 오히려 좋아졌다. 1914년 구즈(William Gughes) 신부는 '북미에서 가장 아름다운 유적(The most beautiful Ruins in North America)'이라는 에세이에서 오설리반 신부에 대해 "말하자면, 오설리반 신부는 예전 시대의 생기를 재생시켰고 이 부활의 과정에서 건강도 얻었고, 자신의 쓸모를 발견하게 되고, 또 미션의 영속적인 가치를 깨우쳤다."라고 쓰고 있다.

1912년에서 1929년까지 오설리반 신부의 복원은 계속되었다. 1922년 세라 채플이 원래의 모습대로 복원이 완료되고 금 제단이 교회에 설치되자 오설리반 신부는 "고귀한 영광을 맛보았다."라고 말했다.

몬시뇨 웨버(Francis Weber)는 그의 저서 '캘리포니아의 성지 교회(The Pilgrim Church in California)'에서 오설리반 신부에 대해 "그가 미션을 재건한 것은 불모의 땅에 미션을 설립했던 영웅적 파드레들에 버금가는 훌륭한 것이었다. 몬시뇨 존 오설리반이 1933년 오렌지에서 지병으로 죽었을 때 남 캘리포니아는 거룩한 사제요, 위대한 사람이요, 고결한 인품의 시민을 잃었다."라고 쓰고 있다.

산 루이스 레이 미션의 복원

1892년 멕시코 자카테카스(Zacategas) 수도원의 신부 2명이 이곳으로 피난 오는 프란시스코 수도사들을 위해 이 미션을 수도원으로 사용할 것을 신청했다. 주교가 영어 사제가 주재한다는 조건을 제시하자 이들은 동의했다. 이 협의는 산타 바바라 미션의 오키프(Joseph Jeremiah O'Keefe) 신부의 통역으로 이루어졌다. 그 후 오키프 신부는 이곳 주재 신부가 되었다. 오키프 신부는 첫 해에는 25명의 멕시코 사제와 수도자들의 임시 숙소를 짓고 교회를 수리했다.

1895년 그는 이 미션의 선임자(Superior)로 임명되었고, 그는 이 잔해만 남은 미션의 복원을 시작하였다. 그는 먼저 세 개의 건물을 복구했다. 그는 자카테카스의 수도사들의 도움을 받아 많이 복원했다. 첫 번째로 지은 건물은 임시 건물로 부엌, 식당, 성당이었고, 둘째로는 기숙사, 그리고는 창고 등을 지었다. 파손된 돔도 재건하고 등대와 큐폴라(Cupola, 둥근 천정)도 복구했다. 제단도 보수하고 바닥도 새 콘크리트로 보수했다. 어려웠지만 보수 결과 1815년의 건물과 매우 유사했다.

1903년 오키프 신부는 사각정원을 복원하는 야심찬 계획을 실천하기로 했다. 새로운 사각정원은 오리지널보다 훨씬 적었지만 원래의 자리에 다시 세워졌다. 1905년에는 새로운 사각정원에 수도자들을 옮길 수 있도록 했다. 일부 흙벽돌은 미션 잔해에서 다시 구했고, 코너나 문지방은 구운 벽돌로 보강했다. 새 사각정원은 1912년에 완성되었다. 일부 수도자들이 제3의 채플을 지었다.

1913년 멕시코 수도자들이 자카테카스로 돌아가기로 결정했다. 멕시코 수도원이 수도자들을 보내지 않게 되자 자금 공급도 끊겼다. 오키프 신부는 1912년 미국의 프란시스코 수도회에서 이를 인수하여 복원을 계속하도록 하였다. 그러나 당시에 그는 이미 고령으로 은퇴할 것을 신청했고, 이것이 받아들여져 그는 산타 바바라 미션으로 은퇴하였으며 거기서 3년 후 죽었다. 오키프 신부가 죽은 후에도 미션의 복원은 계속되었다.

1955년 소토(Anthony Soto) 신부가 전문적 발굴팀을 조직하고서부터 발굴 작업이 시작되었다. 1959년 세탁장이 발견되었다. 세탁 지역 전체는 1960년대에 발굴이 완료되었다. 이 지역은 UCLA에 발굴 사이트로 정식 등록되어 Sdi 241이라는 명칭을 받았다. 사각정원의 두 벽이 복원된 1951년에는 미션이 재 봉헌 되었다.

산 안토니오 미션의 복원

1925년 이후 허스트(William Randolf Hearst) 가문에서는 이곳 토

지를 계속 사들였는데 1940년에는 그 소유 목장의 넓이가 15만 4천 에커에 이르렀다. 1940년 9월 이 허스트 왕국은 미 연방 전쟁부(U.S. War Department)에 팔려 헌터 리기트 군사 기지(Hunter Liggett Military Reservation)가 되었다.

1948년 여름에 허스트는 재단을 설립하고 여기에 캘리포니아 미션의 복원을 위하여 $50만를 희사했으며, 이중 $50,000은 산 안토니오 미션의 복원을 위해 쓸 것을 지정했다. 복원의 집행 책임자는 남가주의 호브레크트(Augustine Hobrecht) 신부(O.F.M)와 카르멜의 다우니(Harry Downie)였다.

1949년 8월 산 안토니오 미션은 주재 신부를 새로 맞이했다. 이 자리는 1882년 암브리스 신부 이후 공석이었다. 부임한 신부는 울러(Gregory Wooler) 신부로 그는 12일 오클랜드에서 부임하였다.

그사이 미션의 작은 박물관에는 점차 유품들이 모여 들었다. 식기, 공구, 마구, 톱, 촛대 등은 발굴되었으며, 그밖에 많은 것들이 산 미구엘 미션 혹은 개인집에서 돌아 왔다. 그 중에는 오리지널 세례반, 미션 도서관의 책, 인디언 배스킷, 제단포, 미션 밴드의 드럼 등 모라(David Mora) 혹은 엔시날레스(Dolores Encinales) 같은 인디언이 보관하다가 반환한 것도 많다. 성 페트로, 성 바울로의 깃발도 돌아왔다.

정부는 1949년 미션 인근의 46에커를 프란시스코가 재구입하는 것을 허용하였다.

이곳에서 1823년 만들어진 우물이 복원되었다. 1950년 6월 4일 미션이 재봉헌 되었다.

산 안토니오 미션은 허스트 가문의 자금이 그 복원의 원동력이 되었다. 그러나 산 안토니오 미션에는 아직도 복원될 것이 많이 남아 있다.

카르멜 미션의 복원

1882년 1월 24일 카사노바(Casanova) 신부와 마차도(Christiano Machado) 등은 성소 왼쪽에서 세라의 묘소를 찾았다. 2년 후 세라 신부 서거 100주년을 맞아 카사노바 신부는 미션을 수리하기 위한 캠페인을 벌였다. 자금이 좀 준비되자 성당의 지붕을 싱글(목재 기와)로 덮었으며, 지붕은 유럽식의 뾰족한 성당으로 했다. 이는 전혀 미션과는 어울리지 않는 것이었다. 이 잘못된 지붕은 수도 워싱턴의 국회의사당에 안치된 세라의 조각에도 그대로 반영되었다. 세라가 한 손에는 십자가와 한 손에는 미션의 모형을 들고 있는데 이것이 잘못된 미션 모형인 것이다.

메스트리스(Raymond Mestres) 신부는 카사노바의 후임으로 몬테레이에 부임한 사람이다. 무엇보다도 이 메스트리스 신부의 업적은 세라의 석관이다. 그는 샌프란시스코의 골든 게이트 파크의 세르반테스 동상을 조각한 조각가 모라(Joseph Jacinto Mora)를 드 영(de Young) 박물관의 관장 배런(George Barron)을 통하여 만났다. 그는 모라를 성실히 설득했다. 결국 모라는 세라 신부의 석관을 조각하기로 하였으며, 그는 카르멜에 정이 들어 죽기까지 그곳에서 살았다.

석관의 개봉 식은 1924년 10월 12일이었다. 석관은 세 개의 국기 미국기, 스페인기 및 교황기로 덮여 있었다. 전 샌프란시스코 시장이며 미 상원의원이었던 펠런(Janes Phelan)이 미국기를 벗기고, 알바(Alba) 공작이 스페인기를 벗기고, 마지막으로 메스트리스 신부와 몬시뇨 글리슨(Gleason)이 교황기를 제막했다.

카르멜의 교회인 미션은 몬테레이 주임신부들인 카사노바와 메스트리스에 의해 다시 태어나게 되었다. 그러나 이들의 복구가 고증에 입각한 복원은 아니었다. 이것은 미션 당시의 스페인식 오리지널과는 거리가 먼 것이었다. 메스트리스 신부는 교회 정문 옆에 건물을 추가했으나 이것은 미션 당시에는 없던 건물이었다.

지금의 완벽한 미션으로의 복원은 1930년 이후 다우니(Harry Downie)의 감독 아래 오랜 기술적인 검토를 거쳐 이루어 졌다. 오늘날 이 미션은 미션 체인 중에서 가장 원형에 맞게 복원된 미션중 하나이다. 다우니(Henry John Downie)는 샌프란시스코에서 태어났고, 샌프란시스코 미션에서 세례를 받았으며, 그곳에서 자란 사람이었다. 1906년 지진 이후 그는 부모와 함께 카르멜에 자주 오게 되었다. 카르멜에 자주 오며 몬테레이의 주임신부인 몬시뇨 쉐어(Philip Scher)를 알게 되었다. 그는 1931년 8월 산타 바바라에 가는 길에 몬테레이를 들르게 되었으며 여기서 그는 몬시뇨 쉐어의 조각 몇 개를 수리하게 되어 잠시 머물게 되었다. 그는 산타 바바라에서 가구 제조업을 할 참이었다. 하나의 조각을 수리하자 또 다른 조각을 수리하게 되었으며 몬테레이의 일을 마치자 그는 카르멜 미션의 조각을 수리하게 되었다. 결국 그는 카르멜에 주저앉게 되었다.

몬시뇨 쉐어가 몬테레이-프레즈노 교구의 주교 대리로 임명되자 그는 다우니를 교구 내에 모든 낡은 미션의 건물을 복원하는 책임자로 임명하고 카르멜 미션의 크레스피 홀에 숙소를 내주었다. 다우니는 구두로 혹은 서면으로 수집한 자료를 근거로 미션 당시의 건물들의 정확한 위치를 확인하여 그곳에 미션의 원래의 모습을 되살렸다.

카르멜 미션의 유품은 세속화 당시 몬테레이 교회로 옮겨 보관하였었다. 세라 신부나 그 후임에게 멕시코에서 보내온 화려한 제의, 행진과 제단 장식을 위한 촛대와 십자가, 세라 신부가 사용하던 은 성배와 성반 등이 몬테레이 사제관에 100년 가까이 잘 보관돼 있었다. 다우니는 이것들을 모아 박물관을 만들었다. 1834년 세속화 당시 도서 목록은 39페이지에 이르렀다. 다우니는 이에 의존하여 책들을 찾아 헤맸다. 캘리포니아는 물론 멕시코, 심지어 스페인까지 가서 이를 수집하여 도서관을 채웠다. 다우니가 열성적으로 수집한 결과 복원된 미션의 도서관은 세라와 라수엔이 수집했던 도서의 80% 가량을 복원할 수 있었다.

세라의 방은 복원되어 1937년 8월 29일 헌정되었다. 오네시모의 가족을 포함하여 많은 인디언들이 이 행사를 위해 모였다. 인디언들은 그들의 조상에게 엄청난 의미를 가졌던 이곳에 순례자의 심정으로 와서 그 조그마한 방의 작은 침대에 화환을 바쳤다.

다우니는 1939년 세라의 십자가와 그 터의 흔적을 발견했다. 이 십자가는 몬테레이에 건물이 있기 전에 세워졌던 십자가이다. 다우니는 이 십자가를 그대로 똑같이 만들어 있었던 그 자리에 다시 복원하였기 때문에 오늘날도 그대로 볼 수 있다.

다우니는 교회 내부에서 지성소 바닥에 카사노바 신부가 설치했던 7인치 두께의 콘크리트를 제거했다. 이 과정에서 그는 소렌티니 신부와 카사노바 신부가 처음 보았던 무덤을 보게 되었다. 1943년 12월 7일 재매장이 집행되었다. 세라의 유골로 확인된 것은 새로운 구리 관에 거의 자연 상태 그대로 넣어져 중앙 납골 실에 안치되었다. 그밖에 사람들의 유해도 같이 처리되어 각각의 납골 실에 안치되었다.

다우니는 성상 벽을 카르멜 미션의 기록과 세속화 이전에 교회를 본적이 있는 이들의 기록을 참조하여 재건하였다.

1960년 2월 5일 교황 요한 23세는 카르멜 미션에 바실리카(Basilica)의 칭호를 부여했다.

라 푸리시마 미션의 복원

정부와 CCC(Civilian Conservation Corps)는 충분한 대지가 주어진다면 라푸리시마 미션을 사적(Historical Monument)으로 복원하겠다고 제의하자 가톨릭교회와 유니온 기름 회사(Union Oil Company)가 필요한 대지를 헌납했다.

1934년 복원이 시작될 때 회랑의 18개의 기둥 중 9개와 아도비 더미만이 라푸리시마 미션에 남아 있었다. 국립 공원국은 역사가, 고고학자, 엔지니어, 건축가 등을 보내어 거의 1년을 검토한 뒤 계획을 세웠고, CCC는 이것을 기초하여 1951년에 오리지널 공구와 방법으로 미션을 복원하였다. 미션을 그대로 복원하는 데는 200명이 작업하여 7년이 걸렸다. 이 복원에서는 아도비 벽돌도 안에 감추어진 강철 보강재로 강화되었다. 벽돌 자체는 원래 인디언들이 만들었던 방식과 똑같은 방법으로 만들었다. 건물의 기초도 조심스레 발굴하였다. 완료된 뒤 미션은 역사적 공원으로 유지 될 수 있도록 주 공원 국에 이관되었다. 이 미션은 가장 완벽한 복원 중 하나다. 재 헌정일은 1941년 12월 7일로 2차 세계대전이 발발한 날이며, 원래 설립일로부터 154년 만이었다.

이 미션은 라카나다 데 로스 베로스(La Canada de los Berros, 물랭이 계곡)라는 작은 계곡의 밑동에 자리하고 있다. 이곳은 현대 도심지와 굉장히 떨어져 있는 곳이다. 가장 가까운 도시가 롬포크(Lompoc)인데 여기서 4마일이 넘는다.

미션의 현황

각 미션의 세속화 이후의 역사적 과정이 다르듯 복원 과정 또한 다르며, 각 미션의 현재 상황도 각기 다르다. 현재 몇몇 미션을 제외하면 대부분의 미션은 도심 지역에 잠식되어 그저 성당 등 교회 기본 구조물만이 남았다 해도 과언이 아니다. 또한 대부분의 미션이 이제는 일반 교구에 속한 성당으로서 역할을 활발히 하고 있다.

그러나 일부 미션은 캘리포니아 주립 공원 소유로 되어 거기서 관리하고 있다. 또한 많은 미션들이 주정부의 역사 기념물(Historic Landmark)로 지정되어 있다. 또한 산타 바바라 미션과 산 루이스 레이 미션은 프란시스코 수도회 소유로 되어 있으며 이 수도회에서 관리하고 있다. 산 가브리엘 미션은 클래리션(Claritian) 수도회에서 관리하고 있다.

대부분의 미션은 아직도 복원이 진행 중이다. 21개 모든 미션이 복원되는 것은 캘리포니아뿐만 아니라 가톨릭교회에게도 영광스런 유산을 되찾는 것을 의미한다. 이러한 복원의 날이 곧 오기를 기원한다.

20

미션의 역사적 의미

역사 속의 미션

오늘날 미션은 캘리포니아의 어떤 역사 유적보다 방문객이 많다. 관광객이 북적대는 현대의 미션에서 이 미션이 과거 원주민을 포함한 캘리포니아 사람들의 생활 속에 얼마나 중요했던 것인지를 이해한다는 것은 거의 불가능하다. 당시의 바빴던 미션의 활동상이 고스란히 전해질수 있도록 거의 완벽히 복원된 라 푸리시마 미션 같은 곳에서도 역사 속에 살아있는 미션의 중요성을 인식하기 위해서는 관광객들은 눈에 보이는 유품을 뛰어 넘는 깊은 역사적 통찰이 필요하다.

미션은 대부분의 관광객이 보고 가는 단순한 아도비(흙벽돌) 교회당과 작업장이 아니다. 미션은 15~17세기 스페인 제국 전역에 걸쳐 있던 매우 중요한 제도로서 프레시디오 및 푸에블로와 함께 스페인 제국의 식민지를 개척하고 강화하는 중요한 제도적 수단이었다. 다른 지역에서와 마찬가지로 캘리포니아에서도 미션은 다른 두 가지 요소에 비하여 압도적으로 중요한 요소였다. 이것이 캘리포니아의 21개의 미션에서 그 마지막 순간을 맞은 것이다.

당시 파드레들에게 미션은 기독교를 전파하는 기지였다. 그러나 이를 지원하는 스페인 정부의 목적은 거의 정치적이었다. 캘리포니아 미션 역사의 저명한 학자 엥겔하트 신부는 "교회나 성직자들이 정치적 목적에 기여하는 바가 없었다면 정치 지도자들은 이들에게 전혀 관심을 두지 않았다."라고 말한다. 150년 동안이나 성직자들이 알타 캘리포니아의 미션을 정부에 촉구해 왔음에도 불구하고 현실적으로 차르 치하의 러시아가 자국 영토를 침입하는 것이 가시화되고서야 이를 위한 군대, 물자, 인원을 준비하여 개척단을 보내 캘리포니아 미션을 건설하게 된 것을 보아도 이를 잘 알 수 있다.

스페인 왕의 기본적 관심은 금과 교역이었다. 그런데 정부 측 입장에서 보자면 이는 수지맞는 장사이기도 했다. 당시 알타 캘리포니아는 세상의 끝으로 알려진 곳으로 본국 그 누구도 신부들을 따라 그곳에 가서 살기를 원하는 사람이 없었다. 그런데 이 미션이란 신앙심 깊은 신부들이 돈도 안 들이고 식민지를 개척해 영토와 인구를 함께 확보할 수 있게 해주는 것으로 그야말로 일거양득이 아닐 수 없었다.

스페인은 250년의 식민지 개척 경험으로 미션이 식민지 건설에 매우 경제적 방법이었음을 알았다. 두 명의 신부, 소수의 군인, 약간의 보급품을 투자하면 곧 자급자족이 가능해 지고 이어서 곧 영구정착의 핵으로서 역할을 하게 되었다. 이는 또한 스페인 식민 건설자들에게도 매우 효과적인 수단이었다. 역사학자 볼튼(Herbert E.

Bolton)은 "스페인은 남북미 대륙 대부분에 대해 그 영유권을 주장했었다. 그러나 그 인구가 매우 적어 신대륙에 이주시킬 여력이 없었다. 한편 동시대의 다른 나라들의 그것과 비교했을 때 스페인의 식민 정책은 '원주민을 보호하고 또한 그들을 교화하여 최소한 제한되나마 그들을 시민권자로 육성하려는 것이었다.' 변방에 식민할 스페인인의 부족을 원주민과 함께 메우고자한 것이다. 이러한 이상의 실현을 위해서는 원주민의 예속과 통제뿐만 아니라 그들의 교화(문명화)도 역시 필요했던 것이다. 이러한 목적을 위해 스페인의 지도자들은 선교사들의 종교적, 인도주의적 열정을 이용하여 그들로 하여금 인디언들에게 설교자뿐만 아니라 선생 혹은 훈육원이 되도록 했다. 이 같은 노력이 성공하는 만큼 변방을 교화된 원주민으로 채우는 것이 가능해졌고 따라서 식민 인원의 부족을 메울 수 있었다. 이러한 의도는 육체적 절제가 필수불가결 하다고 믿는 가톨릭 수도자들의 종교적 지향과 잘 어울리는 것이었다."라고 지적하고 있다. 그러므로 이러한 가톨릭의 선교에 대해 군은 적극적으로 이를 지원하고 보호하는 협력 관계에 있었다. 이러한 협력 관계는 특히 중남미에서 두드러지게 성공적이었다.

불과 2명의 신부와 10명 정도의 군인으로 어떻게 1,000명이 넘는 인디언들을 노동과 산업 업무에 종사하도록 통제할 수 있었을까. 이것은 인디언들 스스로가 문명화된 삶의 혜택을 누렸고, 따라서 그들 스스로가 계속 이 혜택을 누릴 수 있도록 이 제도에 협조하였기 때문이었다.

산업에 대한 전문가도 아닌 몇 안 되는 적은 수의 수도자들이 석기 시대에서 살던 야만인들을 데리고 불과 몇 십 년 사이에 이와 같은 큰 업적을 이룩할 수 있었다는 것은 우리에게 많은 것을 생각하게 한다. 오늘날 우리는 그 때보다 훨씬 풍족한 사회에 살고 있다. 그럼에도 불구하고 훨씬 굶주린 사람들이 많은 사회 속에서 살고 있는 것이다. 그들이 이러한 위업을 이룩할 수 있었던 비결은 무엇일까? 이것은 결코 총칼로 이룰 수 있었던 것이 아니었다는 것은 세속화가 이를 증명하고 있다.

세속화 이태 전(1832년)에 각 미션의 목축 활동은 후미 217페이지의 표와 같다. 유럽 역사에 밝은 사학자들의 말에 따르면 당시 미션의 생산 활동은 중세 유럽의 한 도시의 생산 활동과 비견될 수 있었다고 한다. 당시 소가죽은 미션의 돈줄이었다. 따라서 소는 주로 가죽을 팔기 위해 키웠다고 볼 수 있다. 당시 냉동 운반 수단이 없고, 또한 하나의 미션에 개종 인디언 수가 많아야 2,000명 이하였다는 점을 감안하면 가죽을 벗긴 소를 먹지 않을 경우 그냥 버려 썩힐 수밖에 없었다.

미션에 대한 비판

이 미션 제도에 대해 당시로서는 좋은 제도였다는 주장과 한편으로 이는 악의적 제도였다는 두 가지 상반된 견해가 수십 년 동안 미국의 '역사문단'을 채워 왔다.

변호의 변

미션을 옹호하는 사람들의 주장은 대략 다음과 같다. 이 제도의 뒤에 있는 기본 개념은 이상적인 것이며 인디언들의 영혼을 구하고 또한 그들이 향후 함께하는 사회의 일원이 될 수 있도록 교육하는 것이었다. 대부분의 미션에서 원주민들은 새로운 생활을 즐겼고, 또한 파드레들을 존경하였다. 실제로 많은 인디언들이 미션이 문을 닫은 후 미션에서 배운 공예품등을 만들어 교역함으로써 생계를 유지할 수 있었다.

근본적으로 미션 제도는 식민지 팽창 시대에 평화적인 식민 정착 방법을 제시한 것이다. 무엇보다 중요한 것은 스페인인들은 인디언들의 조상 땅에 대한 권리를 인정하였으며 또한 원주민의 촌락에 대해 개입을 자제하였고, 그들이 자급자족이 가능하게 되면 후견인 역할을 끝내고 인디언들에게 충분한 땅을 되돌려 줌으로써 그들을 제국의 일원이 되는 기회를 제공하려 노력했다는 주장이다.

비난의 변

그러나 미션을 비판하는 사람들의 주장은 다음과 같다. 미션 제도는 신심의 가면을 쓴 또 다른 형태의 노예 제도에 불과하다. 파드레들이 인디언들에게 강요한 문화란 원주민들에게는 아주 낯선 것이며 파드레들은 원주민들의 문화적 유산을 보호하려는 어떤 노력도 하지 않았다.

이 제도의 목표는 명백히 비현실적이다. 일단 인디언들이 미션 생활에 적응하고 나면 그들은 옛 생활로 돌아갈 수가 없다. 실제로 미션 문을 닫고 난 후 많은 인디언들이 옛 생활로 돌아가지 못하고 도둑으로 전락하는 경우도 많았다.

또한 미션 제도의 적용은 인디언들이 경험하지 못했던, 따라서 그 면역이 없었던 많은 질병을 함께 수반했고 이로 인해 수많은 인디언이 희생되었다는 주장이다.

미션의 역사적 의미

이 두 가지 주장을 비교할 때 비록 현대의 정치 도의적 기준에 따른 비난을 감안한다 해도 스페인인들의 원주민에 대한 처우는 당시 식민 제국들의 그것과 비교하여 훨씬 우월한 것이었다. 기본적으로 스페인과 인디언의 충돌은 서로 격리되어 있던 두 개 문화의 충돌이었으며 강자에 대한 약자의 패퇴는 어쩔 수 없는 것이었다. 이 과정에서 스페인의 원주민들에 대한 처우를 그 이후 진주한 세력(미국)과 비교할 때 이 불운한 인디언들의 생활은 스페인 치하에서 훨씬 나았다고 말할 수 있다. 모든 세계 제국들이 19세기 후반까지 노예 제도를 용인하고 있었으며 미국의 남부에서는 캘리포니아 미션이 문을 닫은 지 30년이 지나기까지 여전히 노예 제도를 시행하고 있었다. 또한 이들은 인디언들을 미션 밖으로 내몰았으며, 인디언들을 조상의 땅에서 다시 내몰아 가장 쓸모없는 땅에 보호구역을 설정하고 이곳으로 몰아넣었다.

어떤 이들은 인디언이 반 천국과 같은 원시 사회를 살았으므로 원시 상태로 살도록 그대로 내버려 두었어야 한다고 주장하는 이도 있다. 그러나 필연적 역사 발전의 논리를 제쳐놓고 보더라도 원시 상태란 육체적 정신적으로 공포에 찬 상태이다. 정의와 박애 정신이 부족한 사회라고 하겠다. 강자가 약자를 억압하는 사회이며, 인명이 값싸고, 병약자, 상한 자, 불쌍한 자 등이 동정 받지 못하는 사회다. 간단히 말하면 원시사회란 현대에 우리들이 휴머니티를 가지고 개선하려 노력하는 바와 반대가 되는 사회이다.

현대의 도덕 기준으로 볼 때, 인디언들이 경우에 따라 비인격적인 처우를 받은 것은 사실이다. 그러나 이러한 도덕적 가치관은 현재의 기준이 아니라 당시의 기준으로 보아야 하며, 스페인의 파드레들의 도덕적 기준은 당시의 통념으로 볼 때 일반의 기준을 훨씬 뛰어넘는 것이었다. 파드레들은 인디언들을 어린아이 같이 보았으며, 그들을 문명사회의 일원으로 육성하고자 혼신의 노력을 기울였다. 어린이로서 법을 준수하는 독립적 시민을 즉시 만들 수는 없다. 문명화는 이제 우리들이 깨달을 수밖에 없듯이 아무리 잘해도 시간이 걸리고 고통스러운 작업이다. 이는 수년간에 이루어지는 일이 아니며 수세기에 걸쳐 이룩하게 되는 것이다.

미국의 저명한 역사학자 파크만(Francis Parkman)은 신세계에서 스페인과 프랑스의 인디언들에 대한 처우는 미국 정부의 인디언들에 대한 대우보다 훨씬 나은 것이었다고 말하고 있다. 파크만은 스페인 통치나 혹은 가톨릭교와 무슨 연관이 있는 사람이 아니다.

그러나 오래전 미션을 방문했던 페루즈(La Perouse)가 이미 지적한 바 파드레들은 인디언들의 신앙적 이해관계를 세속적, 물질적 복지에 앞세우는, 기본적이고도 어쩌면 그들로서는 불가피할지도 모르는 실수를 범했다. 이것은 어쩌면 미션이 갖고 있는 본질적인 약점이었는지도 모른다. 또한 세속적 진보라는 측면에서 보았을 때 근대적 감각의 필요성과 원숙성이 부족했다고 인정하지 않을 수 없다. 그러므로 파드레들의 지도가 이룩한 모든 것에 완벽한 점수를 준다 해도, 우리는 그들이 가장 중요하면서도 어려운 바, 무식하고 저급한 야만인들을 문명사회의 책임과 의무를 다 할 수 있는 긍지의 인격체로 변화시키는 임무에는 실패했음을 지적하지 않을 수 없다.

그럼에도 재난의 긴 시간 동안 그 양떼와 떨어질 것을 거부했던 진정한 하느님의 종들의 가련한 이야기에서 우리는 감동받지 않을 수 없다.

1842년 산 루이스 오비스포 미션의 잔해 속에서 모프라스(De Mofras)는 캘리포니아에 남겨진 늙은 사제를 발견했다. 그는 60년의 끊임없는 노고에서 비참한 가난만이 남아 이제는 생가죽 위에서 자고, 쇠뿔로 마시며, 햇볕에 말린 마른 고기 쪼가리로 허기를 채우고 있었다. 그래도 그는 무너진 성당 부근의 오두막에 남아있는 인디언들과 가진 것을 나누고 있었다. 환경이 좀 나은 곳으로 옮길 것을 권유해도 그는 바로 그곳에서 죽음을 맞을 것이라며 거절하였다.

솔레다드 미션에서는 더욱 비극적인 이야기를 남기고 있다. 미션이 폐기되고 건물이 무너진 지 오랜 후에 부근에 남아있는 몇 안 되는 비참한 인디언들의 육체적 물질적 어려움을 도와주며 사목하기 위해 그곳을 떠날 것을 결단코 거부하며 남아있는 사리아라는 노사제가 있었다. 1833년 8월 그는 그가 하던 대로 부근의 개종 인디언들을 모아 성당이었던 자리에서 미사를 봉헌하고자 했다. 그러나 그가 지낸 고난과 궁핍의 시간이 그를 덮쳤다. 그는 기운이 빠져 도저히 미사를 집전할 수 없었다. 그는 무너진 제단 위에 쓰러져 죽었다. 지난 30년 동안 그가 가진 것을 모두 거저 주었던 인디언들의 품안에서 문자 그대로 굶어 죽었던 것이다.

1832년 12월 31일 세속화 당시 미션의 주요 가축 수 표

	미션	설립일자	소	양	총(기타포함)
1	San Diego	1769. 7. 16	4500	13250	18200
2	San Luis Rey	1798. 6. 13	27500	26100	57330
3	San Juan Capistrano	1776. 11. 1	10900	4800	16270
4	San Gabriel	1771. 9. 8	16500	8500	26342
5	San Fernando	1797. 9. 8	7000	1000	9060
6	San Buenaventura	1782. 3. 31	4050	3000	7616
7	Santa Barbara	1786. 12. 16	1800	3200	5707
8	Santa Ines	1804. 9. 15	7200	2100	9860
9	La Purisima	1787. 12. 8	9200	3500	13985
10	San Luis Obispo	1772. 9. 1	2500	5422	8822
11	San Miguel	1797. 7. 25	3710	8282	12970
12	San Antonio	1771. 7. 14	6000	10500	17491
13	La Soledad	1791. 10. 9	6000	6200	12508
14	Carmel(San Carlos)	1770. 6. 3	2100	3300	5818
15	San Juan Bautista	1797. 6. 24	6000	6004	12333
16	Santa Cruz	1791. 9. 28	3600	5211	9236
17	Santa Clara	1777. 1. 12	10000	9500	20320
18	San Jose	1797. 6. 11	12000	11000	24180
19	San Francisco de Asis	1776. 6. 29	5000	3500	9518
20	San Rafael	1817. 12. 14	2120	3000	5492
21	San Francisco Solano	1823. 7. 4	3500	600	5063
계			151180	137969	308121

참고 문헌

A History of Mission San Miguel

By Ryan Thornton, OFM 2011, Tau Publishing.

Blessed Fray Junipero Serra
(An Outstanding California Hero) Reviewed

By Msgr Francis Weber, 2007, Published by Editions du Signe.

Contest for California:
from Spanish Colonization to the American Conquest

By Stephen G. Hyslop, 2012, University of Columbia Press.

Encyclopedia of California's Catholic Heritage 1769-1999

By Msgr Francis J. Weber, 2001, Saint Francis Historical Society.

Lands of Promise and Despair:
Chronicle of Early California, 1535-1846

By Rose Marie Beebe and Robert M. Senkewicz, 2001, Santa Barbara University.

Life in a California Missions:
The Journal of Jean Franciois La Perouse

By Malcolm Margolin, 1989, Heyday Books.

Mission Dolores: the Gift of St Francis

By Brother Guire Cleary S.S.F. 2004, Paragon Agency.

Mission La Purisima Concepsion

By Mary Null Boule, 1992, Merryant Publishers.

Mission Life at San Juan Capistrano

By Raymond C. Kammerer, 1991, K/M Commincations.

Mission Nuestra Senora de la Soledad
By Mary Null Boule, 1988, Merryant Publishers.

Mission San Buenaventura
By Mary Null Boule, 1988, Merryant Publishers.

Mission San Juan Bautista
By Robert P. Lowman, 2008, Lowman Publishing Company.

Mission San Gabriel Arcangel
By Mission San Gabriel, 2008, Photografx Worldwide.

Mission San Luis Obispo
By Joseph A. Carotenuti, 2004, Joseph A. Carotenuti.

Mission San Luis Rey
By Harry Kelsey, 1993, Liber Apertus Press.

Mission San Rafael Arcangel
By Mary Null Boule, 1988, Merryant Publishing.

Mission Santa Barbara 1782-1965
By Maynard Geiger, OFM 1965, Franciscan Fathers of California.

Mission Santa Barbara, Queen of the Missions
By Maynard Geiger.

Mission Santa Clara
By Mary Null Boule, 1988, Marryant Publishing.

Mission Santa Ines: the Hidden Gem
By Cresencia and Dale Olmstead, 1995, Mission Santa Ines.

Old Mission San Juan Capistrano: History and Tour
By Raymond C. Kammerer, 1980, K/M Communications.

Padres and People of Old Mission San Antonio

By Beatrice Casey, 2006, Casey Printing.

San Fernando Rey de Espana Mission

By Msgr Francis J. Weber, 2007, Editions du Signe.

San Francisco or Mission Dolores

Fr Zephyrin Engelhardt OFM, 1924, Franciscan Herald Press.

Testimonios, Early California through the Eyes of Women

1815-1848 By Rose Marie Beebe and Robert M. Senkewicz, 1996, The University of Wisconsin Press.

The Ancestors Speak

By Suzanne Pierce Taylor, 2006, Suzanne Pierce Taylor.

The California Missions

By Editions du Signe, France, 2007, Archdiocese of Los Angeles.

The California Missions and Presidios

By Tracy Salcedo-Chourre, 2005, Morris Book Publishing.

The California Recollections of Angustias de la Guerra Ord(Occurrences in Hispanic California) Edit

By Giorgio Perissinotto, 2004, Academy of American Franciscan History.

The Carmel Mission from Founding to Rebuilding

By Sidney Temple, 1980, Valley Publishers.

The Chumash and the Presidio of Santa Barbara: Evolution of a Relationship

1782-1823 By Marie Christine Duggin, Ph D, 2004, Santa Barbara Trust for Historic Preservation.

The Famous Mission of California(eBook)

By William Henry Hudson, 2004, Public domain, London, Scope: All including foundings.

The Gabrielino

By Bruce M. Miller, 1991, San River Press.

The History of Alta California

A Memory of Mexican California, Antonio Maria Osio.

A Memoir of Mexican California

By Antonio Maria Osio, Translated by Rose Marie Beebe and Robert M. Senkewicz.

The Indians of Santa Barbara

By Maynard Geiger, OFM, PhD, 2010, Franciscan Friars.

The Mission in the Valley, Documentary History of San Fernando By Msgr Francis J. Weber, 1995, Kimberly Press.

The Old Franciscan Missions of California(eBook)

By James, George Wharton(1858–1923), 2009, Public Domain, April 1913, Pasadena California.

The Story of Mission San Antonio de Pala

By Fr. J. M. Carillo M.C.C.J. 1959, North County Printers.

Two Centuries at Mission San Jose 1797-1997

By Philip Holmes, 1997, Mission San Jose.